JOSÉ SAN ROMÁN, CMF

MESTRES DE NOVIÇOS

A "arte de agir como mestre": planejamento e linhas da caminhada da formação. Aspectos metodológicos

3

Tradução de Pe. Ivo Montanhese, C.Ss.R.

EDITORA SANTUÁRIO
APARECIDA-SP

COORDENAÇÃO EDITORIAL: Elizabeth dos Santos Reis
REVISÃO: Ana Lúcia de Castro Leite
DIAGRAMAÇÃO: Alex Luis Siqueira Santos
CAPA: Marco Antônio Santos Reis

Título original: *Maestros de Novicios*
© Publicationes Claretianas, Madrid, 2000
ISBN 84-7966-217-14

Com a concordância dos editores do original espanhol, esta obra está sendo publicada em três fascículos. Esta terceira corresponde a 3ª parte da edição original.

Dados Internacionais de Catalogação na Publicação (CIP)
(Câmara Brasileira do Livro, SP, Brasil)

San Román, José
    Mestres de Noviços - 3: a "arte de agir como mestre": planejamento e linhas da caminhada da formação: aspectos metodológicos / José San Román; tradução de Ivo Montanhese. — Aparecida, SP: Editora Santuário, 2003.

Título original: Maestros de Novicios
ISBN 85-7200-853-5

1. Mestres de noviços 2. Monasticismo e ordens religiosas - Educação 3. Vida comunitária 4. Vida religiosa e monástica 5. Noviciado I. Título.

03-4655   CDD-248.89425

Índices para catálogo sistemático:

1. Mestres de noviços: Vida religiosa: Cristianismo 248.89425

Todos os direitos em língua portuguesa
reservados à **EDITORA SANTUÁRIO** — 2003

Composição, impressão e acabamento:
EDITORA SANTUÁRIO - Rua Padre Claro Monteiro, 342
Fone: (0xx12) 3104-2000 — 12570-000 — Aparecida-SP.

Ano: 2007   2006   2005   2004   2003
Edição: **9**   8   7   6   5   4   3   2   1

APRESENTAÇÃO

Breves linhas sobre os destinatários, a distribuição dos capítulos e a finalidade destas páginas.

1. Os destinatários

O título *Mestres de Noviços* indica quem são os primeiros destinatários deste livro: aquelas pessoas às quais foram confiados a formação e o acompanhamento dos candidatos à vida religiosa durante a etapa do noviciado, ou a quem se vai confiar logo essa tarefa. Por extensão, destina-se também aos que colaboram nessa missão formativa.

Parece óbvio, mas é bom dizer que onde falo de *mestres* ou *mestre* quero referir-me também às *mestras* ou *mestra*. E quando emprego as palavras *noviços* ou *noviço* quero aludir também a *noviças* ou *noviça*.

Reconheço meu atrevimento ao apontar como destinatários universais destas páginas mestres e mestras ligados a famílias religiosas tão díspares entre si: institutos de vida apostólica, ou dedicados totalmente à contemplação; ordens antigas, com uma ampla trajetória formativa, e congregações modernas; mestres e mestras à frente de noviciados pujantes, ou de noviciados reduzidos à mínima expressão numérica; em comunidades situadas na zona rural ou em casas inseridas em periferias populares; ou, talvez, em um apartamento em meio a uma grande cidade; pertencentes, talvez, ao chamado *Terceiro Mundo*, rico em vocações e com uma sensibilidade peculiar, ou ao *Primeiro Mundo*, antigamente florescente e agora atravessando a provação da escassez e do envelhecimento institucional; mestres e mestras com idiossincrasias e culturas diferentes etc. Sei que escrever para todos e fazê-lo acertadamente é difícil e arriscado. Assumo essa limitação.

2. A distribuição dos capítulos

O material está distribuído em 3 partes ou blocos diferenciados: no primeiro bloco trata-se do noviciado, enquanto âmbito institucional no qual se desenvolve o trabalho do mestre: recorda-se como foi historicamente e se delineia sua configuração atual, segundo a legislação eclesiástica vigente (1ª parte). Assim, dando a conhecer o passado histórico e seu presente, oferece-se um complemento informativo ao *saber do mestre*, acrescentado aos conhecimentos que já possui enquanto profissional da educação nesse campo específico.

No segundo bloco (2ª parte) estudaremos a figura do mestre — *o ser mestre*: sua integração na comunidade formativa, suas características e atitudes, seu jeito pessoal e a relação educativa.

O terceiro bloco (3ª parte) será dedicado aos aspectos programáticos e metodológicos — *o fazer ou o saber fazer do mestre*: a planificação de objetivos e conteúdos, ou linhas do iter formativo, e a resposta às questões de método (que fazer, onde, como, quando...): a localização da casa, a organização da etapa, a animação comunitária, as relações, as dinâmicas espirituais e formativas ordinárias, e a proposta de algumas experiências intensivas ou de especial alcance pedagógico.

3. Finalidade

Este livro foi escrito com uma intenção pedagógica. Levam-se em conta os dados históricos, as prescrições canônicas e os princípios da teologia da vida religiosa. Mas, principalmente, se procura fazer uma reflexão pedagógica sobre o noviciado. É uma reflexão que, além do mais, parte da própria práxis formativa.

Seja-me permitido acrescentar ainda algumas linhas antes de concluir a apresentação: escrevi estas páginas sem nenhuma pretensão de falar como mestre. Estas anotações foram uma necessidade interior de verbalizar minhas reflexões. Gostaria, é claro, que algo tão pessoal pudesse servir de ajuda, ainda que modesta, aos mestres, de cuja missão educativa participei muito tempo, só Deus sabe com que resultados.

Que esta seja uma expressão de minha sincera gratidão e reconhecimento do dom inestimável que se revelou a mim na pessoa de tantos jovens.

I

O PLANEJAMENTO: FINALIDADE E OBJETIVO DO NOVICIADO

1. Uma pergunta ingênua: "que representa" um mestre num lugar como o noviciado?

É justo que nos perguntemos "o que representa" um mestre no noviciado. É justo que o próprio mestre se pergunte para que ele está no noviciado. Ainda mais: é justo que se interrogue, sabendo estar posto numa tarefa solidária, para que estão todos no noviciado, inclusive seus imediatos colaboradores e noviços.

Fazer-se uma pergunta desse tipo significa querer conscientizar-se do sentido e da finalidade de sua presença — e da presença dos demais — num lugar concreto e durante um tempo determinado que a legislação eclesial fixa com particular precisão. Trata-se, pois, de uma pergunta sobre a finalidade e sobre os objetivos, prévia a todo planejamento sério.

Se o noviciado, enquanto instituição fundamental da vida religiosa, tem algum sentido, alguma finalidade, algum objetivo..., o mestre e todos e cada um dos membros da comunidade formativa deveriam conhecê-lo para pôr mãos à obra, sabendo do que se pretende conseguir e empenhando-se nisso com todas as energias.

Em qualquer planejamento, a distinção entre finalidade e objetivos é preliminar:

As *finalidades*, ou "objetivos-fins", costumam vir geralmente determinados pelas instituições. Estabelecem o ponto de referência educativa no qual deve-se mover toda a ação dos agentes que intervêm. São orientações ou prescrições de nível geral que se formulam com ampla visão.

Os *objetivos*, ao contrário, referem-se sempre a metas que se buscam num prazo determinado de tempo, com uns resultados mais concretos e próximos, e que admitem avaliações ao longo do processo formativo e, sobretudo, no final do mesmo. Quando esses objetivos são, em concreto, possíveis de serem medidos, são chamados *operativos*, isto é, que correspondem a processos realizados (coisa que se verifica quando as mudanças ou comportamentos terminais dos sujeitos são, efetivamente, justificados, observados, medidos...[1].

Parece conveniente que os *objetivos específicos do noviciado*, etapa formativa considerada de tanta transcendência para o futuro dos aspirantes à vida religiosa, possuam o maior grau possível de precisões, observação e mensurabilidade, isto é, parece aconselhável que sejam bastante *operativos*.

Certamente que não é uma obrigação determinante levar ao extremo todas as exigências na execução desses objetivos, precisamente porque nos encontramos num campo educacional diferente do instrutivo e, por isso mesmo, dificilmente poderíamos aplicar com excessivo rigor determinados processos que poderiam encontrar razoável aplicação, contudo, no modelo tecnológico do ensino. Que não nos leve além do justo a obsessão pela eficácia e pelo controle exagerado![2]

Assim que parece razoável que estejamos conscientes, na hora de formular os objetivos específicos do noviciado, de que estamos diante de uma realidade educativa especial, que pede alguns processos *abertos*, que vão fugir com freqüência dos critérios de exatidão geométrica e matemática. É impossível pretender controlá-lo todo, segundo número, peso e medida... Mas isso não significa que não possamos tentar ser medianamente precisos na hora de formular esses objetivos, de sorte que não resultem tão diluídos e inatingíveis que não sirvam para nada.

Interessa, pois — e muito —, que também os objetivos específicos do noviciado sejam, na medida do possível, verdadeiramente operativos.

---

[1] Cf. M. A. ZABALZA, *Diseño y desarrollo curricular,* Madrid (4) Narcea, 1991, p. 94ss.
[2] Cf. a crítica de J. Gimeno Sacristán, *La pedagogía por objetivos: obsesión por la eficiencia,* Madrid (6), Morata, 1990, p. 11.

2. Vias para conseguir os objetivos

Os caminhos ou vias possíveis e normais para chegar ao estabelecimento de uma série de objetivos para o noviciado são os seguintes:

— Há um caminho que se percorre de baixo para cima. É a *via ascendente:* realiza-se um diagnóstico da situação real dos noviços; detectam-se suas condições, preparação, atitudes, interesses etc. O resultado desse diagnóstico inicial trará um conjunto de dados que poderão servir de base para determinar claramente quais são as verdadeiras necessidades (urgências, desafios) do grupo de noviços, quais são as possibilidades reais da casa e da equipe formadora, quais os recursos...; e a partir desse diagnóstico se procederá a formulação e organização dos objetivos[3].

— Outra possibilidade consiste em tomar a *via descendente*, isto é, aquela que vem de cima para baixo: partir de uns quadros de referências mais gerais, válidos para todo centro formativo que corresponda àquilo que faz parte da instituição do noviciado. A Igreja, através de seus diversos órgãos, e as congregações religiosas possuem uma normativa vigente, com algumas prescrições; oferecem algumas orientações e pistas para a organização do noviciado. Dessa ampla legislação e doutrina podem-se extrair formulações de objetivos específicos para o planejamento ou para a colocação em marcha do noviciado concreto no qual poderíamos nos encontrar.

— Mas ainda poderia existir uma terceira forma de proceder ou *terceira via:* é uma vida integradora das precedentes. Consiste em ir procedendo na análise de qual seja a discrepância existente entre aquilo que os noviços *deveriam ser* (confor-

---

[3] Algo parecido ao que indico que consiste no emprego de uma *via ascendente* para se chegar a determinar os objetivos do noviciado é o que Paula Iglesias faz em seu artigo "Formación inicial de los novicios", em *Cuadernos Monásticos,* 64 (1983), p. 33-40: a partir de um questionário aberto, chega a conhecer — e assim o expõe — quais são as aspirações, os desejos e as esperanças (convertidas depois em formulações de objetivos) dos/as formandos/as ou noviço/as em relação a essa etapa. Precisa-se saber que exista uma sólida base comunitária onde possa afirmar a própria opção, que cada noviço/a seja visto pelo formador como um "tipo único", evitando as generalizações; que a formação seja "suave e forte"; que predomine o testemunho sobre a teoria, e que o noviço/a contribua com sua abertura de coração.

me os padrões eclesiásticos e congregações, com referências sempre obrigatórias) e *aquilo que de fato são*. O grau de discrepância que for percebido determinará a necessidade de formular objetivos concretos com a finalidade de diminuir ou eliminar essa discrepância.

Parece-me aconselhável optar por essa *terceira via*, integradora das outras duas. Essa fórmula reveste-se de vantagens importantes, tanto do ponto de vista da fidelidade conforme vem assinalado pelos documentos da Igreja e pelos diretórios dos respectivos institutos como do sentido de sensibilidade para com a realidade concreta que os noviços apresentam, com os quais também se conta no momento de elaborar os projetos e programações. Quando se envolve os noviços no planejamento do noviciado, questionando-os a respeito dos objetivos (o que pensam eles, quais poderiam ser os objetivos do noviciado etc.), no fundo se está perguntando-lhes porque vieram ao instituto e o que buscam.

Em seguida vem o segundo passo: consultar para ver o que diz a Igreja, o que diz a congregação, o que demonstra a experiência de séculos através da qual a instituição do noviciado veio se forjando. Não vá pensar algum noviço que o noviciado se invente cada ano a partir do zero... (o que de certo modo, também é certo).

E na comparação entre o que eles espontaneamente querem e aquilo que a instituição quer chega-se normalmente a uma coincidência assombrosa. De todas as formas, quando houver discrepância notável seria ocasião ótima para o esclarecimento.

Além disso, uma vez que esta tarefa de fixar os objetivos tem de ser feita, logicamente nos primeiros dias do ano ou curso, o mestre conta com a vantagem de que os noviços podem compreender muito melhor já desde o começo o sentido do ano ou dos anos de noviciado. Não se deve ter medo e gastar muito tempo nessa tarefa de planejamento do começo. O tempo empregado nesse momento inicial desaparecerá depressa.

Esse procedimento — da *terceira vida* —, resumidamente, reúne as vantagens das duas anteriores, e é útil na ordem de esclarecer ou eliminar desde o começo muitas coisas.

3. "Caminho faz-se caminhando": meios para fixar os objetivos

Os meios metodológicos que permitirão atingir o mundo dos objetivos do noviciado, penetrando em seu terreno através de algumas das vias apontadas, são os seguintes: identificá-los, selecioná-los, organizá-los e formulá-los adequadamente[4].
Não é meu propósito detalhar a descrição de cada um desses passos metodológicos. Mas sim oferecer pistas para se começar a caminhada. A primeira "pista" ou sinal vem dada pela orientação geral marcada pela legislação da Igreja ao estabelecer qual seja a *finalidade do noviciado:*

"O noviciado, com o qual se começa a vida num instituto, tem como finalidade que os noviços conheçam mais plenamente a vocação divina, particularmente a própria do Instituto, que experimentem o modo de vida dele, que conformem a mente e o coração com seu espírito e que possam ser comprovadas sua intenção e sua idoneidade"[5].

Potissimum Institutioni assume essa formulação do *CDC*, mas, além disso, acrescenta um matiz cristológico ao definir a natureza e o fim do noviciado a partir da diversidade de carismas e institutos:

O noviciado... "é um tempo de iniciação integral ao gênero de vida que o Filho de Deus assumiu e que Ele nos propõe no Evangelho, num ou noutro aspecto de seu serviço ou de seus mistérios"[6].

Para fixar os objetivos do noviciado deverá se mover, portanto, dentro desse padrão amplo, de nível geral, referente à finalidade e natureza do noviciado, chegando depois à determinação de objetivos mais concretos, aos quais se dará a conveniente sistematização, junto com uma verbalização o mais precisa possível.

---

[4] Cf. M. COMOGLIO, "La programación educativa", em *Misión Joven*, 104 (1985), p. 57-58; e em F. FLORIS e R. TONELLI, *Optar por la animación (temas para una escuela de animadores)*, Madrid, CCS, 1987, p. 441 ss.
[5] *CDC* 646.
[6] *PI* 45.

Em favor da operosidade e concretização, procurarei formular nas próximas páginas uma série de objetivos gerais (que se relacionam com os principais núcleos) e, depois, procurarei a formulação de alguns objetivos mais específicos; isso sim, vou fazê-lo sem pretender elaborar formulações detalhadas ou muito pormenorizadas, trabalho que corresponde levar ao fim já no campo particular de cada lugar e grupo ou comunidade formativa. Entendo que isso somente pode realizar-se a partir do conhecimento da situação concreta de cada noviciado e das circunstâncias de cada grupo de noviços.

4. Principais núcleos de objetivos

A formulação dos objetivos deverá ajustar-se àquilo que é a experiência do noviciado, e deverá abranger as diversas dimensões em que essa experiência se realiza, a humana, a cristã, a religiosa e a própria do carisma institucional.

Os objetivos do noviciado podem considerar-se globalmente e em detalhe. Farei, primeiramente, uma exposição dos objetivos do noviciado globalmente considerados, apresentando os principais núcleos de objetivos, tal como estão contidos na definição ou descrição anteriormente apresentada[7]. E somente depois adentraremos em sua formulação mais detalhada. Assim que, em primeiro lugar, exporei os núcleos principais de objetivos, acompanhados de um comentário que quer servir de introdução à formulação detalhada dos objetivos específicos, que virá em seguida.

Estes são os núcleos principais:

— Iniciação integral para uma nova vida.
— Em referência cristológica e carismática.
— Um conhecimento mais pleno da própria vocação.
— Experiência da vida do instituto e conformação da mente e coração com seu espírito.
— Comprovação da intenção e idoneidade dos noviços.

---

[7] Cf. *CDC* 646; *PI* 45.

4.1. Iniciação integral para uma nova vida

O noviciado contemplado partindo duma perspectiva dinâmica é uma verdadeira experiência de iniciação na vida de um instituto religioso. Iniciar-se experiencialmente na vida de um instituto significa nascer para essa vida não já a partir de intentos teóricos de aproximação, ou de simples conhecimento, mas de se envolver pessoalmente, desde o submergir-se nessa correnteza vital e carismática que é a tradição e o presente — pessoas e obras — do próprio instituto. É comprovar se alguém chega a se sentir em seu próprio ambiente ou se, pelo contrário, para se dizer em poucas palavras, alguém que se acha como um peixe fora d'água.

Com o noviciado acontece o começo de uma nova vida. Mas não se nasce sem antes morrer, sem luta. O início para uma vida nova de um instituto supõe a ruptura prévia com a vida anterior, fenômeno que a tradição monástica e religiosa explicou utilizando as categorias de libertação, de morte e ressurreição, aquiescência seletiva, transcendência e sobrenaturalidade...[8]

A ruptura e o início subseqüente urgem uma intervenção pedagógica adequada por parte do Instituto. Pode ser considerada como uma verdadeira *iniciação integral* a essa nova vida porque abrange todos os setores da formação e comprometem na totalidade a pessoa do iniciado.

Pois bem, essa tarefa de iniciação choca-se freqüentemente com o obstáculo de uma rudimentar preparação dos noviços e com as resistências que as deficiências provenientes da imaturidade humana oferecem à ação pedagógica. Ação prévia, por conseguinte, para toda fundamentação sólida será abordar essas deficiências. Passá-las por alto, como se não existissem, não contribue em absoluto para resolvê-las nem garante a realização desse processo mistagógico. O substrato humano necessita ser atendido também nessas carências elementares. Isso faz parte da iniciação. Precisamente na falta de atenção a essa carência da maturidade humana pode-se encontrar a raiz de muitos fracassos não somente nessa etapa do noviciado, mas — o que é pior — nas sucessivas etapas e na vida religiosa em geral[9].

---

[8] Cf. J. D. ANDRÉS, *El Derecho de los religiosos. Comentario al Código,* Fuenlabrada (Madrid), PCl e Commentarium pro religiosis, 1983, p. 290ss.

[9] Cf. *PI* 33; cf. J. M. ALDAY, "*Lectura antropologica y psicopedagogica*", em M. J. ARROBA (dir.) *La formación de los religiosos. Comentario a la Instrucción "Potissimum Institutioni"*, Roma, Ediurcla 1991, p. 188ss.

4.2. Em referência cristológica e carismática[10]

O gênero de vida com o qual se inicia o noviciado é aquele assumido pelo próprio Jesus, tal como aparece no Evangelho. Essa referência cristológica é peça-chave para entender a originalidade que caracteriza a vida religiosa, na qual se introduz quem ingressa num instituto. É a pessoa de Jesus Cristo, o Filho de Deus feito homem, aquela que deverá centrar toda a formação e muito especialmente, essa etapa do noviciado. É sua pessoa divina e o gênero de vida que ele assumiu, e que propõe no Evangelho, aquilo que deve constituir o ponto nevrálgico ou o eixo em torno do qual gire a vida dos noviços. As atividades, os projetos, as teologias da vida religiosa... não podem interferir ou obscurecer a luz que irradia diretamente da pessoa e da vida do Salvador, com quem devem se configurar os noviços.

Mas a configuração com Jesus Cristo passa pela conformação e identificação com algum de seus serviços ou de seus mistérios. Aí aparece o aspecto diferencial e carismático de cada uma das famílias religiosas. É Jesus Cristo, vivo e interpelante num mistério concreto, quem subjuga, atrai e arrasta com uma força especial: orando no horto, retirado ao deserto, pregando a boa-nova, curando os enfermos, ensinando, buscando os pecadores, acolhendo as crianças etc. Por isso mesmo, o noviciado é tempo de iniciação integral no mistério de Cristo que caracteriza o próprio instituto e que depois pode-se encarnar em trabalhos, serviços e ministérios diversos.

As ordens e congregações religiosas deveriam assegurar-se de que os formadores postos à frente do noviciado sejam capazes de realizar essa iniciação para a referência carismática. Os mestres e mestras, que atuam em nome do instituto, deverão estar muito atentos para conseguir esse objetivo — de referência cristológica e carismática institucional —, evitando tanto o fomento de uma espiritualidade demasiado geral e imprecisa como o cultivo de um tipo de espiritualidade carregada de pormenores ou demasiado acentuados subjetivos — reflexo de carismas singulares — que, em lu-

---

[10] Cf. J. Sán Román, "*El Noviciado e la primera profesión* (comentário a *PI* 45-57)", em A. Sanz (dir.), *Camino de formación...*, Madrid, PCl, 1991, p. 211-212.

gar de uma boa identificação, poderiam propiciar a ambigüidade e o desconcerto nos noviços.

4.3. Um conhecimento mais pleno da própria vocação[11]

É evidente que esse objetivo caracteriza singularmente essa etapa do noviciado. Embora é certo que durante o pré-noviciado já se inicia o discernimento da própria vocação, durante o noviciado este discernimento deve-se continuar até alcançar aquele grau razoável de conhecimento ou convencimento de que, efetivamente, Deus chama à vida religiosa e, em concreto, à vida religiosa específica desse instituto.

O conhecimento do que se trata não é simplesmente teórico, mas experiencial. Os noviços não podem ingressar no noviciado somente "para ver se têm vocação", mas para verificar se aquilo que sentiram é algo mais que uma intuição, isto é, para comprovar se é autêntica a vocação que crêem ter. Essa comprovação supõe um "superior conhecimento, isto é, mais pleno e convincente que aquele que se baseia em simples intuições e conjeturas. Esse conhecimento é fruto de todo um processo de discernimento prolongado.

O processo de discernimento desemboca num conhecimento experiencial da própria vida, re-interpretada em chave vocacional a partir do "chamamento divino" ("Deus me chama"), reconhecido pelas diversas vozes: a própria história, as raízes significativas, o ambiente, a formação recebida e as mediações eclesiais e institucionais.

Quer-se dizer que esse conhecimento mais pleno, mais claro, mais convincente da própria vocação é o fruto de um processo e esclarecimento progressivo no qual intervêm não poucas mediações, entre as quais tem particular importância o contato vivencial com o carisma congregacional (e entrelaçarmos assim com o objetivo anteriormente exposto), já que não existem chamamentos de Deus para a vida religiosa em abstrato, mas na concretização de um instituto religioso determinado. O discernimento da vocação divina passa, pois, no noviciado pelo processo de identificação com a fisionomia peculiar do instituto religioso.

---

[11] Cf. ID., *o. c.*, p. 207ss.

4.4. Experiência da vida do instituto e conformação da mente e do coração com seu espírito[12]

Ainda com o perigo de parecer reiterativo, devo insistir em que os noviços não podem se limitar a ser espectadores da vida religiosa numa visão panorâmica e teórica. Devem experimentar, em sua própria carne, a vocação concreta para o instituto em que entraram. Isso supõe envolver-se realmente na dinâmica da vida do instituto, embora isso se realize basicamente a partir da casa de formação. O noviciado, exceto em caso das ordens ou congregações contemplativas, costuma-se situar em lugares afastados da atividade normal na qual se desempenham as forças mais vivas de uma congregação, o que significa, já de entrada, uma séria dificuldade para conseguir a aquisição dessa *experiência da vida real do instituto*. Há razões de ordem pedagógica que aconselham manter preferentemente o noviciado nesse tipo de localidade, mas deve-se estar muito atentos para não perder o contato com a realidade viva da família religiosa.

É claro que o noviciado não pode ser um laboratório alheio por completo a quanto acontece no organismo vital que é o mosteiro ou a casa religiosa, a província, a congregação... etc., nem tampouco uma estufa. Tudo o que é artificial traz consigo o perigo de se afastar da verdadeira vida do instituto alguns jovens que iriam fazer parte do mesmo.

Portanto, e embora ficando a salvo tudo quanto seja peculiar no tratamento exigido pela etapa do noviciado (já previsto pela legislação ou aconselhado pela sã tradição eclesial e congregacional), deve-se pensar que é nocivo para a formação dos noviços mantê-los exageradamente à margem da corrente vital do instituto, privando-os dessa sorte de respirar o "ar de família" característico dele.

Quando se fala de *estilo de família* ou *estilo familiar, modo de vida etc.*, de uma congregação religiosa, não se deve pensar, por certo, naqueles aspectos mais externos e superficiais que são, com freqüência, simples reflexo da moda passageira e do influxo dos agentes sociais. Deve-se pensar, pelo contrário, naquilo que man-

---

[12] Cf. ID., *o. c.*, p. 208-209.

tém relação direta com o carisma tornado espiritualidade pela vivência continuada dos membros do instituto: este conjunto de traços, atitudes, elementos doutrinais e vivenciais que constituem o modo de ser ou índole de um instituto na Igreja[13].

E, justamente porque não se trata de assimilar um estilo somente quanto ao externo, *PI* fala de "conformar a mente e o coração com o espírito do instituto". O espírito de um instituto é o carisma fundamental, isto é, a primogênita inspiração do fundador/a, enriquecida pela tradição em evolução homogênea através das variadas circunstâncias de cada tempo e sempre na fidelidade ao dom primeiro. A conformação com o espírito do instituto realiza-se, de fato, como por osmose, ao contato com a própria vida congregacional:

> "Na prática e na vida real, o carisma, dom recebido do Espírito, transmite-se suscitando seu reconhecimento, sua consolidação e seu desenvolvimento na pessoa através de alguns canais e meios de transmissão. Em geral e de uma maneira global, quando a comunidade congregacional vive num clima carismático sua espiritualidade, seu estilo de vida e sua missão, a transmissão se efetua como por "osmose", de uma maneira vital, natural e espontânea. A oração "peculiar", a forma de governo "próprio", o estilo de vida "tradicional", as opções "específicas" congregacionais etc. são fontes e meios de transmissão da experiência carismática. Uma comunidade religiosa que vive com intensidade seu "projeto comunitário", elaborado em clima carismático, é um lugar ideal para viver, animar e transmitir o carisma aos membros da mesma[14].

Os noviços deverão conformar sua mente e seu coração com esse carisma, com esse espírito. Dizer mente e coração é dizer a totalidade da pessoa, em suas dimensões intelectivas e afetivas. A verdadeira conformação com a mente do instituto não consiste na aprendizagem de alguns dados sobre a história e missão da própria família religiosa, mas na assimilação cordial daqueles conteúdos nucleares do carisma e no desencadeamento de alguns dinamismos

---

[13] Cf. S. M. Alonso, *La utopía de la vida religiosa. Reflexiones desde la fe*, Madrid, PCl, 1982, p. 83.
[14] J. M. Palacios, "*El carisma en clave formativa*", em *Vida Religiosa* (Boletim), 79 (1995), p. 358.

operativos que serão por sua vez, indicadores de que se produz efetivamente uma coincidência harmoniosa entre os esquemas fundamentais da pessoa e esse conjunto de valores carismáticos ou notas do instituto. Sem uma implicação pessoal, os noviços permanecem na periferia, não chegam a entender a fundo nem a viver o espírito do fundador. Podem chegar a conhecer alguma coisa do instituto, mas não poderão afirmar que experimentaram sua vida.

4.5. Comprovação da intenção e idoneidade dos noviços[15]

Tarefa imprescindível. O magistério eclesial privilegiou geralmente a expressão "retidão de intenção" ao falar dos requisitos exigíveis aos candidatos para a vida religiosa e sacerdotal. Na literatura atual referente aos aspectos pastorais e psicopedagógicos da vocação observa-se, ao contrário, uma preferência pelo emprego do termo *motivação*. No fundo, trata-se da mesma realidade, com tonalidades diferentes. Com efeito, o propósito ou intenção dos noviços — que deve ser comprovado — eqüivale ao conjunto de motivações que dão sentido a sua opção e que impulsionam para o fim procurado: abraçar a vida religiosa. Hoje em dia, todos nós sabemos que não basta simplesmente perguntar aos noviços o que desejam, nem basta que eles respondam de boa fé que desejam abraçar a vida religiosa. A comprovação da intenção abrange a adoção de outros meios, sem excluir o recurso e a ajuda de peritos, sobretudo em caso de dúvida.

Um bom critério pedagógico é que sejam os próprios noviços que coloquem as cartas na mesa nesse assunto. Parece acertado evitar dar a sensação de que o mestre ou a mestra, ou os superiores, aqueles que estão *curiosamente* interessados no discernimento das motivações vocacionais. Toda suspeita de intromissão no recôndito misterioso vocacional deve ser afastada.

Deve-se agir com critério transparente e inequívoco ao abordar o discernimento e ao empreender a comprovação da intenção ou as motivações dos noviços. É preferível que eles entendam do que se trata e que se prestem de boa vontade a ser acompanhados nessa

---

[15] Cf. J. SAN ROMÁN, o. c., p. 209-210.

tarefa. Além disso, o discernimento das intenções não é senão o primeiro capítulo ao qual seguirão outros: vai se requerer, em seguida, franqueza contínua e renovados esforços, porque acontece freqüentemente que as motivações que animam os jovens noviços — mesmo no caso de que sejam válidas — nem sempre se apresentam com pureza. Vai-se requerer um paciente trabalho de análise das motivações, de purificação e de reforço das consideradas vocacionalmente válidas. E da obstrução e erradicação das menos válidas do ponto de vista evangélico, ou de seu controle consciente quando não possam ser totalmente eliminadas.

Evidentemente, a comprovação da intenção ou das motivações torna-se também tarefa formativa, tornando-se inescusável passar dos ideais expressos nos princípios canônicos para as mediações pedagógicas.

A *idoneidade* dos noviços deve ser igualmente comprovada. Idoneidade significa capacidade real — aqui e agora — para assumir os compromissos próprios da vida religiosa. Supõe, por sua vez, a imunidade de impedimentos: aqueles que, tanto o *CDC* como o direito particular tenham marcado.

Há uma idoneidade básica, que é aquela oferecida pela própria natureza. E há uma idoneidade adquirida com o esforço pessoal, com a correspondência aos estímulos educativos que o instituto oferece. Em ambos os casos, para fazer uma avaliação da idoneidade é necessário guiar-se por um critério equilibrado, sabendo julgar o grau de maturidade real adquirido pelos noviços num tempo prudencial e apreciando, também, sua capacidade ou falta da mesma para chegar a conseguir maiores graus num futuro, uma vez que se tenham incorporado à vida do instituto pela profissão religiosa.

5. Definindo os objetivos específicos a partir dos objetivos gerais

Da apresentação dos núcleos principais passamos, finalmente, à especificação ou pormenorização dos objetivos do noviciado. Sei muito bem que pormenorizar os objetivos específicos traz em si o risco de incorrer em formulações discutíveis, em sua forma e em seu fundamento. Ou, inclusive, poderá se pôr na pauta de julgamento a oportunidade de alguns deles. Avisar antecedentemente livra-me de temores e me permite fazê-lo com a esperança de que sirvam, como exemplo ou orientação sugestiva, para o planejamento em alguns noviciados[16]. Procedo da seguinte maneira: em primeira lugar, formulo um objetivo geral, que preside cada um dos seis grupos de objetivos. E, em seguida, assinalo os objetivos específicos concretos.

1) Objetivo geral

Afrontar o processo de *iniciação integral nessa nova vida* combatendo quantos obstáculos provenientes da natureza humana possam se interpor e promovendo tudo quanto favoreça esse processo.

Objetivos

De maneira progressiva, e em especial no final dessa etapa formativa, pretende-se que o noviço seja capaz de:

1.1. Demonstrar a maturidade humana necessária para optar pela vida religiosa e a capacidade de ir assumindo as exigências que essa nova vida comporta.

1.2. Mostrar capacidade de adaptação ao novo estilo de vida do noviciado e aos novos usos, costumes e disciplina.

1.3. Conhecer, aceitar e integrar de maneira harmoniosa os diferentes aspectos que se referem à própria pessoa (capacidade crítica e de julgamento sobre si e a realidade; capacidade de autodomínio e de decisão, integração afetiva e sexual etc.).

1.4. Assumir positivamente a própria história com seus acertos e seus erros, sabendo ler partindo de Deus a própria vida e os acontecimentos e situações de nosso mundo.

1.5. Realizar aquelas convenientes rupturas exigidas pelo ingresso nessa nova vida: saber renunciar não somente ao pecado, mas saber prescindir também de certos usos e valores positivos, próprios da vida mundana.

---

[16] Podem ser consultadas outras semelhantes formulações, por exemplo, em C. DOMEÑO: "*Objetivos educacionales en los noviciados del postconcilio*", em *Confer*, 16 (1977), p. 89-118; J. PUJOL I BARDOLETE, "El noviciado como punto de partida y de iniciación a la vida religiosa", em *Confer*, 19 (1980), p. 320ss.; E. BAREA, "La formación durante el noviciado", em *Vida religiosa*, 54 (1983) p. 124-125; ID. *El noviciado. Directorio y Plan formativo*, Madrid, PCI, 1993, p. 75ss.

1.6. Dar sinais inequívocos de receptividade e de abertura para com a nova família humana e religiosa da qual se quer fazer parte, alcançando uma positiva integração na mesma.

1.7. Cultivar as virtudes humanas, tais como a laboriosidade, a lealdade, o respeito, o serviço, a firmeza, a constância, a fidelidade à palavra dada, a simplicidade, a cordialidade, a dignidade, a responsabilidade, a urbanidade etc.

1.8. Etc.

2) Objetivo geral

Introduzir-se nos *caminhos do Espírito* e progredir neles.

Objetivos

De maneira progressiva, e em especial no final dessa etapa formativa, pretende-se que o noviço seja capaz de:

2.1. Fundamentar-se numa sólida espiritualidade, nascida de um profundo sentido de fé, alimentada na oração freqüente, mantida no espírito de uma comunhão e um diálogo constante com Deus.

2.2. Viver habitualmente, de maneira natural, o relacionamento com Deus Pai, com Cristo, seu Filho, e com o Espírito no meio das atividades.

2.3. Integrar harmoniosamente na vivência do mistério de Cristo a figura de Maria, sua Mãe.

2.4. Fazer seus os critérios evangélicos (chegar a senti-los assim, e expressá-los vitalmente).

2.5. Conseguir aquela unidade de vida que permita a integração do espírito de união com Deus e a vida ordinária, o trabalho, o apostolado e a oração, a ação e a contemplação.

2.6. Traduzir em obras de serviço aos irmãos a caridade interior (coerência, fé cristã-vida).

2.7. Dar ao cultivo das virtudes humanas a motivação e a projeção das virtudes teologais.

2.8. Estimular-se constantemente no ideal de santidade querido por Deus, entendida essa santidade não tanto como perfeccionismo individual, quanto como resposta aos planos de Deus sobre a própria vida e em atitude de abertura constante a sua vontade.

2.9. Conseguir compreender e experimentar o apostolado (ou a oração e a preocupação pela salvação dos homens, a dilatação do Reino de Cristo...) como uma realidade que aprofunda suas raízes na própria vida teologal, embora revestida de expressões diversas.

2.10. Assumir as contrariedades e ultrapassar a realidade penitencial da vida com um sentido de identificação com a cruz de Cristo. Saber fazer uso, se for oportuno e com critério equilibrado, de outras formas de penitências voluntárias.

2.11. Familiarizar-se com as fontes bíblicas e da espiritualidade cristã (grandes autores da tradição e outros).

2.12. Iniciar-se teórica e praticamente na vida litúrgica do instituto (Eucaristia, Liturgia das Horas, Sacramento da Reconciliação e outras celebrações).

2.13. Servir-se oportunamente, para o progresso na vida espiritual, da ajuda das mediações que o instituto põe ao alcance (irmãos da comunidade, superiores, mestre ou auxiliar, confessor etc.).

2.14. Conseguir um domínio suficiente dos principais dinamismos e métodos aptos para avançar na vida de oração, de recolhimento interior, o silêncio, a solidão etc.

2.15. Cultivar uma espiritualidade isenta de exterioridade ou desencarnada, mas impregnada de solidariedade humana, que sente na própria carne os problemas da humanidade (pobreza, injustiças...) e que sabe compartilhar as ânsias pungentes dos pobres.

2.16. Etc.

3) Objetivo geral

Fazer um *discernimento mais pleno da própria vocação* e realizar conjuntamente com os formadores ou representantes do instituto a comprovação de sua intenção e idoneidade.

Objetivos

De maneira progressiva, e em especial no final dessa etapa formativa, pretende-se que o noviço seja capaz de:

3.1. Compreender e avaliar a vocação religiosa no conjunto das demais vocações eclesiais, carismas e ministérios (vocação religiosa e secular, clerical e laical etc.).

3.2. Fazer leitura da própria história ou biografia partindo do tema vocacional.

3.3. Crescer na docilidade à voz de Deus que interpela por sua Palavra, pelos acontecimentos da vida etc.

3.4. Tomar consciência mais clara do chamado de Deus para a vida religiosa e da necessidade de responder cada dia a ela.
3.5. Fomentar o sentido de abertura aos desígnios de Deus e da gratuidade, cultivando o espírito de agradecimento pelo dom da vocação recebida.
3.6. Combater serenamente as crises, vacilações, temores etc., confiando totalmente na assistência e na força de quem chama por primeiro.
3.7. Manter em todo momento uma atitude de franqueza com o mestre, que ajude o esclarecimento vocacional e que garanta, na medida do possível, o acerto na opção pela vida religiosa que se faz ao professar.
3.8. Levar a termo uma conveniente purificação daquelas possíveis motivações ou razões menos adequadas, insuficientes ou não válidas..., que possam interferir ou criar obstáculos na resposta a uma verdadeira vocação.
3.9. Conhecer, não só teórica mas também experiencialmente, em que consiste a vocação para este instituto e comprovar se há coincidência fundamental entre esta e as próprias capacidades, interesses, inclinações etc.
3.10. Etc.

4) Objetivo geral

Adquirir um conhecimento suficientemente completo dos valores que sustentam a *vida religiosa* e conseguir uma fundamental vivência da consagração no seguimento de Cristo pobre, virgem e obediente.

Objetivos

De maneira progressiva e em especial no final dessa etapa formativa, pretende-se que o noviço seja capaz de:
4.1. Estar na posse dos conhecimentos básicos referentes à vida religiosa (consagração, votos, vida comunitária, missão etc.) e ao papel e sentido testemunhal de sua presença na Igreja e no mundo.
4.2. Chegar a encarnar nas atitudes e na vida de cada dia os valores próprios da consagração religiosa (disposição, comportamentos, estilo..., próprios de uma pessoa que se quer consagrar).

4.3. Viver o seguimento de Jesus na radicalidade, evitando as meias medidas, as ambigüidades, os "jeitinhos", a fácil acomodação.
4.4. Compreender o sentido da pobreza evangélica, em suas diversas modalidades (imitação de Jesus Cristo, desapego inclusive efetivo das coisas, comunhão de bens, austeridade, testemunho, solidariedade com os pobres etc.) e dar sinais eficazes de viver essa pobreza e de estar disposto a abraçá-la.
4.5. Compreender o sentido da virgindade consagrada, em seus diversos modos (imitação de Jesus Cristo, dom de Deus que exige correspondência, compromisso que impõe renúncias, oblação em favor dos demais etc.) e mostrar indícios suficientes e claros de progresso que ofereçam confiança na capacidade real para abraçar esse gênero de vida.
4.6. Compreender o sentido da obediência religiosa em suas diversas formas (busca da vontade do Pai, a imitação de Cristo, entrega livre da autonomia pessoal, aceitação das mediações humanas, colaboração ativa e responsável na caminhada comunitária etc.) e dar mostras convincentes de docilidade, disponibilidade total, sentido de colaboração, capacidade crítica e disposição para o diálogo.
4.7. Entender e viver a dimensão comunitária e a dimensão apostólica (ou a missão específica do instituto) de forma integrada a partir da dimensão da consagração religiosa (não como dimensões contrapostas nem independentes).
4.8. Etc.

5) Objetivo geral

Experimentar o que seja *a vida comunitária*, edificando com os demais uma verdadeira fraternidade baseada na fé e no amor.

Objetivos

De maneira progressiva, e em especial no final dessa etapa formativa, pretende-se que o noviço seja capaz de:
5.1. Ter uma sólida fundamentação bíblico-teológica sobre a comunidade cristã e religiosa.
5.2. Aprender a enquadrar a vivência da própria vocação religiosa a partir da comunhão com toda a Igreja (sentido eclesial; amor à Igreja e a seus pastores etc.).

5.3. Conseguir uma convicção profunda da origem sobrenatural da vida fraterna não nascida da carne ou do sangue, mas originada a partir da comum vocação.
5.4. Aprender a encaixar com naturalidade os gozos e as fadigas, a assumir as vantagens e desvantagens etc. que surgem em viver em comunidade.
5.5. Esforçar-se em colaborar responsavelmente na comunidade assumindo os cargos e prestando os serviços que o bem da comunidade exige.
5.6. Conviver com os demais irmãos com espírito aberto, fomentando um estilo de vida familiar.
5.7. Acostumar-se a realizar tudo, não de maneira individualista mas com um sentido comunitário (em nome ou por encargo da comunidade).
5.8. Empenhar-se na fidelidade e exatidão nos pequeninos detalhes (horários, disciplina etc.) de cada dia como expressão de respeito aos irmãos.
5.9. Exercitar a caridade fraterna: prestação de serviço, atenção para com os outros, compreensão de suas falhas, correção fraterna, dedicação de tempo e energias etc.
5.10. Entrar em contato com a realidade comunitária institucional (conhecer algumas comunidades diferentes daquela do noviciado, contatar com outros membros do instituto etc.).
5.11. Etc.

6) Objetivo geral

Conhecer e experimentar a vida do instituto, a força do *carisma congregacional* (fundador-fundadora, tradição, história, regras e constituições, espiritualidade, missão e obras etc.) e entrar em contato com algumas de suas expressões mais significativas.

Objetivos

De maneira progressiva, e em especial no final dessa etapa formativa, pretende-se que o noviço seja capaz de:
6.1. Conhecer mais a fundo a figura do fundador/a (vida, escritos etc.) e outras figuras representativas da história da congregação dignas de serem imitadas.

6.2. Conformar a mente e o coração com o genuíno espírito do instituto; aprofundar no conhecimento de seu patrimônio espiritual.

6.3. Crescer no sentido de identidade e de pertença ao próprio instituto.

6.4. Conhecer com realismo não isento de sentido crítico, sua missão, suas obras, suas limitações (em capacidade operativa, em instituições, em pessoas etc.).

6.5. Experimentar (na medida permitida nessa etapa formativa) em que consiste a missão fundamental do instituto. Iniciar-se nas atividades próprias (atividade apostólica, assistencial, de ensino etc.).

6.6. Confrontar a própria vida com as constituições enquanto privilegiada expressão objetiva do carisma da congregação.

6.7. Ser capazes de reler e interpretar com sentido unitário e harmonioso, partindo da chave peculiar do próprio carisma, todos os restantes aspectos fundamentais da vida religiosa (votos, espiritualidade, vida comum, apostolado, atividades etc.).

6.8. Assimilar o estilo de vida (esse característico ar de família) próprio do instituto.

6.9. Etc.

6. Conclusão

Começávamos este capítulo perguntando ingenuamente "que figura" tem um mestre no noviciado... E o terminamos fazendo resumidamente um amplo conjunto de objetivos específicos, próprio dessa etapa formativa. Parece que àquela pergunta do começo se foi dando, assim, uma adequada resposta.

O horizonte formativo do noviciado está recheado de metas que esperam ser atingidas. Atingir a meta, conseguir os objetivos planificados, é todo um desafio tanto para o mestre como para sua equipe de cooperadores na formação e, por suposto, o é também para os noviços. Planejar os objetivos é somente um primeiro passo, embora importante. Restam outros passos para serem dados nesta caminhada. O seguinte passo é constituído pelos conteúdos, que são o elemento que vamos considerar em seguida.

II

OS CONTEÚDOS DO NOVICIADO

1. Os conteúdos do noviciado são algo mais que "palestras doutrinais"

O planejamento do noviciado atinge um momento arquitetônico importante na delineação dos conteúdos. Sem querer, alguém poderia pensar — a propósito dos conteúdos — as conferências doutrinais que se davam antigamente nos centros formativos costumavam ser práticas recheadas de ascetismo acrescidas com a unção das coisas sagradas, e freqüentemente vinham precedidas de certas práticas piedosas, como a petição humilde de mortificações, que se pediam ou que eram impostas segundo a oportunidade. Tudo aquilo fica já na recordação, quando não para a evocação caricaturesca.

Aquelas conferências ou práticas contribuíam, sem dúvida, para transmitir às novas gerações a bagagem doutrinal da instituição. E transmitiam-se não somente os conhecimentos mas toda uma rica experiência, alguns estilos, alguns usos e, resumindo, uma formação característica.

Equivocaríamo-nos se pensássemos que o conteúdo formativo limitava-se então a essa forma de comunicação realizada por meio dessas práticas e conferências, as quais se assistia geralmente com espírito receptivo. As fontes através das quais a transmissão da formação se realizava não se esgotava, com efeito, naquelas formas magistrais. Exatamente como acontece na atualidade. As dinâmicas empregadas hoje em dia (encontros formativos, aulas de teologia da vida religiosa, palestras etc.) não são a única fonte — nem provavelmente a principal — através da qual a formação se realiza. Precisamente por isso, o conceito referente aos *conteúdos* resiste em ser colocado num espartilho dentro desse esquema puramente conceptual.

O conceito de *conteúdos* — hoje em dia, sobretudo, vai-se tomando crescente consciência disso — tem um alcance maior. Abrange, é certo, todo o corpo de doutrina que é objeto de aprendizagem e que a instituição transmite aos aspirantes. Mas, insisto, não se reduz a isso. Compreende também uma série de experiências e um conjunto de ações devidamente em seqüência e ordenadas para a obtenção de alguns resultados concretos. Isso quer dizer, envolve aqueles procedimentos que possibilitam um verdadeiro aprendizado do que se constitui a vida religiosa. E não só isso. Compreende também o universo de valores que sustentam a vida religiosa, a normatividade vigente e as conseqüentes atitudes vitais nas quais se encarna o projeto dos religiosos. Por isso que o significado da palavra *conteúdo* não pode se restringir exclusivamente ao campo dos conhecimentos (conteúdos conceptuais, doutrinais etc.), mas que seu raio de ação ou sua extensão semântica atinge também as experiências, procedimentos etc. (conteúdos procedimentais), e para o que aqueles conhecimentos representam ao aprendiz de religioso (conteúdos de atitudes).

2. Critérios de seleção de conteúdos

Os conteúdos do noviciado constituem um amplo espectro com dimensões diversas (conceptuais, procedimentais e de atitudes), cujas linhas gerais vêm marcadas pela legislação eclesial e pelas orientações das respectivas famílias religiosas. É bem verdade que essas linhas gerais não fazem outra coisa que assinalar os grandes marcos divisórios que dividem as diferentes áreas de conteúdos próprios da vida religiosa. Conseqüentemente, resta a tarefa de precisar depois quais devem ser os conteúdos mais concretos, em coerência com os objetivos previamente escolhidos.

Pois bem, o fato de precisar os conteúdos supõe proceder seletivamente: escolher alguns e rejeitar outros, priorizar o tratamento destes e pospor talvez aqueles.

Levando-se em conta que o noviciado tem uma finalidade eminentemente introdutória à vida do novo religioso no instituto, mas que, por sua vez, exige chegar à posse de conhecimentos sólidos suficientes sobre o que é e supõe o compromisso da profissão religiosa, assim como a interiorização de seus valores fundamentais, convém ter bem claros alguns critérios com o fim de realizar a seleção desses conteúdos.

Tanto do ponto de vista da doutrina teológica sobre a vida religiosa como do ponto de vista pedagógico e prático, considero *prioritários* para a seleção de conteúdos os seguintes *critérios*:

— *A salvaguarda de uma hierarquia de valores e verdades.* — Assim, por exemplo, nessa etapa do noviciado não pode esgotar-se toda a teologia da vida religiosa. É preciso abranger, isso sim, os temas fundamentais, com a amplitude conveniente, em relação ao conjunto e situando cada tema no lugar adequado. Nem todos os temas pedem para serem tratados com idêntica profundidade nem com a mesma extensão.

— *A preferência por aqueles temas ou conteúdos que sejam verdadeiramente representativos.* — Uma vez assegurada a seleção dos conteúdos fundamentais, no resto deve-se proceder preferindo aqueles que não andam dispersos, mas que se encaixam melhor ao conjunto dos conteúdos do noviciado ou que caminham em maior consonância com eles. Os temas que correspondem a curiosidades alheias ou aqueles que supõem uma especialização imprópria daquilo que seja adequado à preparação básica dessa etapa devem sem mais nem menos serem descartados.

— *Ter em consideração o alcance epistemológico dos conteúdos e seu poder de transferibilidade e perdurabilidade.* — Que sejam conteúdos sólidos, que atuem como se fossem nós estruturais ou *conceitos-chaves* que confiram coerência a toda estrutura temática. E que sejam, na medida do possível, transferíveis e perduráveis; isto é, que o benefício a ser obtido em nível de conhecimentos, habilidades, hábitos, normas etc. não se limite ao momento que se apresentam, mas que possa se estender pela vida religiosa futura, e que seu caráter perecedouro seja o menor possível. Parece que buscar alguns conteúdos com essas características — "que sejam chaves", extensíveis e duradouros — significa apostar pela seleção de alguns conteúdos que sejam verdadeiramente substanciais. Resumindo: deve-se ir ao essencial, fugindo de vãs sutilezas.

— *Priorizar conteúdos de reconhecida importância e validade.* — É um critério com sentido comum: ter presente e, por isso mesmo, acatar aqueles conteúdos sobre cuja importância e validade há consenso na comunidade formativa (seja porque já são recomendados pelos planos formativos, dos diretórios etc., seja porque no diálogo com os membros da equipe formativa, ou com outros mestres, percebe-se coincidência).

— *O critério da especificidade.* — Procurar não deixar fora da seleção de conteúdos aqueles que dificilmente irão ser abordados nas sucessivas etapas formativas; isto é, aqueles pontos que pertencem especificamente ao noviciado.

— *E, já desde uma perspectiva antropológica, o critério da adaptabilidade.* — Selecionar aqueles conteúdos que se adaptam às capacidades reais dos noviços, que possuam também uma mínima sintonia com sua sensibilidade e que até certo ponto, respondam a sua busca. É claro que nem sempre explicitam verbalmente esta busca, mas o mestre deverá saber captar as necessidades profundas dos jovens e intuir com que urgência sentem a opressão e o interesse em abordar determinados temas, e até deverá, às vezes, educar essa busca e provocá-la. Isso faz parte de seu ofício, embora não deva significar jamais manipulação das vontades, nem um descarado ou encoberto "puxar água para seu moinho".

Tendo em consideração, pois, esses *critérios de seleção*, podemos abordar em seguida a formulação dos conteúdos e seu agrupamento por blocos.

3. Blocos de conteúdo do noviciado

Permito-me fazer, em primeiro lugar, duas observações:

Assim como no capítulo precedente, a propósito dos objetivos, apontei qual era minha intenção ao apresentar a formulação dos mesmos (quer dizer, pretendia mostrar unicamente um modelo classificatório), de igual maneira agora manifesto, no que se refere à formulação de conteúdos, que somente pretendo apontar simples exemplos, dar pistas sugestivas ou sinais indicadores que apontem para uma direção. Mas isso não dispensa o trabalho artesanal, de detalhe, que deverá realizar-se em cada centro formativo.

A outra observação: embora mesmo sabendo que os *conteúdos* não são exclusivamente os conhecimentos — como adverti antes —, vou limitar-me a expor aqui os *elementos conceptuais* de cada bloco do conteúdo, omitindo a formulação dos elementos de *procedimentos* e de *atitudes*, coisa que é inescusável realizar também no lugar, no âmbito de cada noviciado[1].

Eis aqui, pois, os sete blocos de conteúdos que proponho:

Primeiro bloco
Conteúdos relativos à introdução na vida do noviciado.

Segundo bloco
Conteúdos relativos à dimensão antropológica:
pessoa/comunidade-maturidade humana.

Terceiro bloco
Conteúdos relativos à introdução na vida espiritual.

Quarto bloco
Conteúdos relativos ao discernimento vocacional.

Quinto bloco
Conteúdos relativos à vida religiosa.

Sexto bloco
Conteúdos relativos aos aspectos específicos do próprio instituto.

Sétimo bloco
Conteúdos relativos a aspectos complementares.

E esses são os conteúdos detalhados que se poderiam incluir dentro de cada um dos blocos:

---

[1] Nos capítulos seguintes, nos quais confronto as questões metodológicas, entro de cheio considerando os elementos dos procedimentos e atitudes, como não poderia ser de outra maneira.

Primeiro bloco
Conteúdos relativos à introdução na vida do noviciado

— O noviciado: natureza e objetivos à luz dos documentos da Igreja e do próprio instituto religioso.
— Quais qualidades e requisitos se exigem para a admissão ao noviciado e que condições se pedem para a realização do mesmo (aspectos canônicos).
— Em que consiste a iniciação integral que caracteriza o noviciado.
— Importância do noviciado, pelo caráter único e privilegiado dessa etapa, e atitudes que se esperam dos noviços durante a mesma.
— Plano formativo do instituto (para o noviciado): linhas gerais para uma compreensão global dessa etapa formativa.
— Etc.

Segundo bloco
Conteúdos relativos à dimensão antropológica:
Pessoa/comunidade-maturidade humana

— Psicologia e vida religiosa.
— A personalidade e a dinâmica psíquica. O processo de identidade pessoal.
— A maturidade humana e social.
— O auto-conhecimento. A auto-estima.
— Noções elementares de caracterologia.
— A dinâmica comunitária. Os relacionamentos inter-pessoais.
— A maturidade humana. A higiene mental (ajustamento psíquico) na vida religiosa;
— Etc.

Terceiro bloco
Conteúdos relativos ao progresso na vida espiritual

— Elementos antropológicos da vida espiritual:
• abertura da pessoa à transcendência;

- processo humano e realização cristã;
- as disposições pessoais para a vida espiritual.

— A vida teologal: a vida de Deus Trino no homem:
- o mistério do amor de Deus Pai manifestado no Filho;
- o homem: criatura, imagem de Deus..., dignidade da pessoa;
- a condição humana pecadora e a vida teologal.

— A figura de Jesus Cristo e seu significado para o homem: a experiência cristã (o mistério pascal na vida do crente): o mistério de Cristo e da Igreja.

— A vida segundo o Espírito (a ação do Espírito na vida do crente);

— A figura da Virgem Maria dentro do mistério de Cristo e da Igreja.

— A vida do crente na Igreja e no mundo: repercussões para sua vida espiritual (chamamento universal para a santidade, compromisso, apostolado etc.).

— A vida espiritual como processo: desenvolvimento, dinâmicas, leis etc.

— Espiritualidade litúrgica:
- características da vida litúrgica;
- natureza da liturgia e do culto da Igreja;
- o ano litúrgico, a liturgia eucarística e a das horas;
- o sacramento da reconciliação.

— A espiritualidade carismática (do fundador e do instituto; notas peculiares na vivência espiritual).

— Introdução à vida de oração:
- fundamentos bíblicos e teológicos;
- métodos e técnicas de oração, meditação, "lectio divina" etc.

— A colaboração humana para o crescimento na vida segundo o Espírito: mediações humanas (da comunidade, do formador ou acompanhantes etc.).

— A ascese cristã: enfoque, critérios.
— Etc.

Quarto bloco
Conteúdos relativos ao discernimento vocacional

— Aspectos antropológicos da vocação. Vocação e projeto de vida.
— Fundamentação bíblico-teológica da vocação.
— A fundamental vocação cristã: seguimento de Jesus Cristo.
— Diversidade vocacional na Igreja. Forma de vida. Articulação de carismas e ministérios.
— Os caminhos da vocação. Os chamados de Deus.
— O acompanhamento na resposta à vocação.
— O discernimento vocacional: estudo das motivações vocacionais (reta intenção), da idoneidade e da capacidade para a opção. Critérios para o discernimento vocacional.
— Ajudas para o discernimento (reflexão pessoal, auto-análise, teste, questionários, observação etc.).
— Etc.

Quinto bloco
Conteúdos relativos à vida religiosa

— A vida religiosa e suas raízes bíblicas (inspiração evangélica).
— Visão panorâmica das diversas formas históricas na qual floresceu a vida religiosa.
— Apresentação dos três eixos essenciais da vida religiosa (consagração-comunhão-missão).
— A consagração religiosa (aquela que conduz à consagração batismal; em que se distingue da consagração secular).
— A vida religiosa em sua dimensão comunitária (mistério de comunhão; a convocação e comum seguimento de Jesus se expressa na comunhão total com os irmãos).
— A comunidade: aspectos antropológicos (pessoa e grupo), bíblicos, teológicos, eclesiológicos etc., da vida comunitária.
— As dimensões essenciais de toda comunidade religiosa: crente (comunidade de fé e vida evangélica), fraterna (comunidade no relacionamento) e apostólica (segundo o carisma do próprio instituto); seus diferentes níveis ou realizações (local, provincial, geral).
— A práxis da vida de comunhão (níveis de comunicação, inter-relação, participação no governo e vida de comunidade; dinâmicas para o fomento da comunhão fraterna).

— A vida religiosa em sua dimensão apostólica ou a serviço do anúncio do Reino; em sua consagração e nas diversas atividades que realiza; sentido missionário — em seu ser e em seu agir — de toda a vida religiosa.
— Os conselhos ou "os carismas" do Espírito: apresentação das áreas principais e características da vida religiosa (virgindade-pobreza-obediência): sua incidência nas três dimensões estruturais da vida humana.
— O sentido teológico dos votos (sua referência direta à vida e à doutrina de Cristo).
— A virgindade consagrada (perspectiva bíblica, teológica, partindo da espiritualidade do próprio carisma e das ciências antropológicas).
— A pobreza evangélica (perspectiva bíblica, teológica etc.).
— A obediência religiosa (perspectivas bíblica, teológica etc.).
— Aspecto sacramental, profético, testemunhal, bíblico, teológico etc., da vida religiosa (sinal chamativo da realidade transcendente e dos valores do Reino).
— Os fundadores/as e suas famílias religiosas (quem são e sua relação com o grupo por eles/as fundado).
— O carisma comunitário e a tradição do instituto (fidelidade ao espírito dos fundadores, evolução histórica do carisma etc.).
— As regras e constituições dos institutos (expressão autorizada do espírito dos institutos, guia obrigatória da identidade vocacional, projeto evangélico de vida etc.).
— Aspectos canônicos referentes à vida religiosa e, em particular, aos votos e à profissão (compromissos procedentes da profissão religiosa).
— Etc.

Sexto bloco
Conteúdos relativos aos aspectos específicos do próprio instituto

— Conhecimento da figura do fundador/a (vida, escritos, doutrina, obras etc.; lugares especialmente vinculados a sua pessoa etc.).
— Conhecimento do próprio instituto: caráter, espírito, finalidade, disciplina e vida.

— Estudo do desenvolvimento do carisma: no fundador/a e na tradição congregacional.

— Conhecimento da história do instituto desde sua fundação até o presente (pessoas, obras, acontecimentos etc.).

— Estudo das regras e/ou constituições: formação e desenvolvimento; consulta de suas fontes inspiradoras; leitura sobre comentários publicados; aplicação na oração e na vida.

— Conhecimento dos diretórios, documentos mais importantes (emanados dos capítulos etc.) ou outros livros pelos quais se rege a vida do instituto.

— Conhecimento da organização do instituto: seu regime e estatuto jurídico, sua organização em diversos níveis (geral, provincial, local etc.).

— Conhecimento da missão específica do instituto: iniciação teórica e prática em alguma atividade característica da própria família religiosa.

Sétimo bloco
Conteúdos relativos a aspectos formativos complementares[2]

— Complemento da formação cultural básica (para sanar deficiências).
— Estudo de línguas (modernas e/ou clássicas).
— Aprendizagem de obras manuais e ofícios práticos.
— O trabalho doméstico (horta, jardim, casa etc.).
— A formação musical (algum instrumento musical, solfejo, canto gregoriano, ensaios etc.).
— Manejo de instrumentos (ordenadores, maquinário específico de diversos trabalhos etc.).
— A formação estética[3].
— Meios de comunicação social (formação para seu uso crítico).
— Etc.

---

[2] Nem todos esses conteúdos revestem-se da mesma importância, evidentemente. Dá-se por suposto, além disso, a subordinação dos mesmos aos conteúdos apontados anteriormente.

[3] O valor educativo da experiência estética e, por isso, a importância de não se descuidar do apreço para os valores artísticos, requer um lugar também na formação para a vida religiosa. Nesse sentido, invoco A. LÓPEZ QUINTÁS, *La formación por el arte y la literatura*, Madrid, Rialp, 1993, e *Para comprender la experiencia estética y su poder formativo*, Estella, Verbo Divino, 1991.

4. Seqüência dos conteúdos do noviciado

Dar *seqüência* aos conteúdos, quer dizer, ordená-los ou distribuí-los ao longo de um espaço e de um tempo. Para a formulação de conteúdos e seu agrupamento por unidades temáticas ou blocos deve-se seguir este passo metodológico *sequencial*. Está demonstrado que a ordem na qual se apresentam os conteúdos — não somente aqueles estritamente conceptuais — tem incidência nos resultados de toda aprendizagem[4]. O mesmo acontecerá aqui: uma maneira precisa de ordenar e de apresentar os conteúdos repercutirá numa melhor assimilação dos mesmos, dependendo fundamentalmente da importância que outorgamos a cada unidade temática, a cada experiência e a cada uma das atividades que deverão ser realizadas, designando o pertinente ou o aconselhável espaço-duração a cada elemento, que não precisa ser idêntico para todos.

Não interessa descer ao detalhe minucioso da seqüência exata, prolixa e técnica de todos e de cada um dos conteúdos que elenquei. Somente vou oferecer um exemplo de seqüência — em relação, agora sim, com os conteúdos propriamente conceptuais —, circunscrito a um dos temas nucleares do bloco "vida religiosa": *fundador-carisma-tradição*.

O tema nuclear *fundador-carisma-tradição* faz parte de um dos blocos de conteúdo típicos e característicos do noviciado. Pertence claramente ao bloco de conteúdos relativos à vida religiosa. Vejamos, pois, como determinar sua *seqüência*:

— Com o objetivo de situarmo-nos no contexto global, interessa muito que ordenemos os conteúdos de sorte que se confronte, em primeiro lugar, a aprendizagem do que seja a vida religiosa enquanto forma de vida cristã que se enraíza diretamente com os valores evangélicos, dos quais pretende ser expressão intensa e expoente significativo.

— Em seguida, poderíamos apresentar um panorama do florescimento das diversas formas de vida religiosa ao longo da história, como amostra da vitalidade e da diversidade formal na qual a opção radical pelo seguimento de Cristo se faz palpável.

---
[4] Cf. M. A. ZABALZA, *Diseño e desarollo curricular*, Madrid (4), Narcea, 1991, p. 132.

— Veria, depois, o estudo da teologia da vida religiosa, centrando a atenção nos três eixos essenciais: consagração, comunhão e missão (apostolado etc.), e nos três conselhos ou "carismas do Espírito" característicos (que, algumas vezes, chamam-se "meios"): virgindade, pobreza e obediência.

— Firmado sobre esses temas nucleares da vida religiosa, por uma parte, e os relativos aos aspectos canônicos, regra e constituições etc., e o bloco de conteúdos propriamente específicos de cada instituto, por outra, situar-se-ia esse tema nuclear que chamamos *fundador-carisma-tradição*.

— Vejamos, então, como poderíamos fazer a seqüência particular desse tema (selecionado como exemplo):

Unidade didática A	OS FUNDADORES
X horas ou sessões	— A figura dos fundadores/as na história da vida religiosa. — As notas características de o que seja um verdadeiro fundador/a. — Variações sobre a figura do fundador: os "patriarcas" e outras figuras que intervêm.

Unidade didática B	O CARISMA DO FUNDADOR
X horas ou sessões	— Carisma: significado na Sagrada Escritura e no magistério eclesial. — A graça especial (carismática) do fundador/a. — Sua inspiração (como uma tomada de consciência dela). — A doutrina do fundador/a e sua exemplaridade (santidade). — O fundador/a e suas circunstâncias (pessoais, de lugar e de tempo).

Unidade didática B	O CARISMA COMUNITÁRIO E A TRADIÇÃO
X horas ou sessões	— Uma herança do fundador/a: o carisma comunitário. — A interpretação do carisma: fidelidade ao espírito e propósito do fundador/a nas novas circunstâncias. — A tradição dos institutos enquanto desdobramento da virtualidade do carisma na história. — Critérios de discernimento da autêntica tradição.

5. A organização geral dos conteúdos do noviciado: os eixos vertebradores

A *seqüência* dos conteúdos tem em vista a ordem e distribuição dos mesmos em função das variações de "importância" e de caráter "espaço-temporal", isto é, em função do relevo que se deseja atribuir a determinados elementos e em função do espaço ou da duração que se quer assinalar a cada ponto temático no desenvolvimento de uma seqüência.

A *organização* dos conteúdos, ao contrário, refere-se ao ajustamento desses conteúdos, de sorte que se consiga uma harmonia de conjunto: que nada destrói; que se consiga uma perfeita incorporação dos conteúdos para a estrutura do processo didático que se executa no noviciado.

Entendo que somente a realização da seqüência, sendo um passo imprescindível, seja insuficiente. É preciso dar este ulterior passo metodológico. A seqüência dos conteúdos, é certo, permite-nos dispor de uma distribuição de termos nucleares com uma ordem, que é quase perfeita do ponto de vista do desenvolvimento lógico-temático e que leva em consideração, além disso, algumas condições reais, tais como o tempo de que se dispõe para cada unidade, a relevância que se estima que tem cada elemento etc.

Contudo, isso somente não basta. Falta ainda a organização harmoniosa de todo o conjunto dos conteúdos, de maneira que não se distribuam friamente, como blocos independentes, mas de forma que constituam uma unidade vital. Para isso requer-se que todos os blocos caminhem como que interligados por alguns *eixos vertebradores* que lhes confiram uma verdadeira coesão. Somente assim os conteúdos adquirem maior significação e podem contribuir para uma formação doutrinal séria.

Na etapa do noviciado existem, certamente, alguns princípios ou linhas-força que são fundamentais e que podem desempenhar o papel de *eixos vertebradores* para tornar coesos e vertebrar o conjunto de blocos dos conteúdos. E, a meu ver, poderiam ser os seguintes:

— o eixo *de iniciação integral*;
— o eixo *carisma institucional*;
— e o eixo *discernimento vocacional*.

Vejo, pessoalmente, nesses três eixos a convergência de todos os temas nucleares do noviciado, como em seguida irei explicar.

5.1. O eixo vertebrador iniciação

Se algo caracteriza a experiência do noviciado é o fato de ser antes de tudo uma etapa de iniciação integral[5]: iniciação no conhecimento profundo e vivo de Cristo e de seu Pai; iniciação na vivência do mistério pascal de Cristo; iniciação na vida fraterna evangélica; iniciação na história, na missão própria e na espiritualidade do instituto. Essa iniciação é teórica (conhecimentos) e prática ou vivencial (experimental).

O critério, pois, de que se trata de uma *iniciação integral* deve percorrer o conjunto de blocos de conteúdos e condicionar seu tratamento. *Iniciar* significa introduzir, ou introduzir-se, em conformidade com as características pedagógicas próprias de cada iniciação, e com a humilde convicção de quem sabe que iniciar não é completar ou levar à perfeição uma obra.

5.2. O eixo vertebrador do carisma institucional

Os conteúdos relativos à história, espírito, finalidade etc., do próprio instituto poderão englobar-se, sem dúvida, num só bloco e serem estudados quando convier, como uma área temática que goza

---
[5] Cf. *PI* 47ss.

de certa autonomia e que possui suficiente entidade. Pois bem, deixar o tratamento desses aspectos unicamente para o momento do curso no qual corresponderá que se afrontem poderá fazer supor reduzir sua importância e influência, que é capital no noviciado. São aspectos que de alguma maneira precisam estar presentes continuamente ao longo da etapa, perpassando em todos os núcleos temáticos. Por conseguinte, parece recomendável a integração permanente dos elementos carismáticos na corrente da formação doutrinal e vivencial do noviciado.

Uma forma de fazer isso poderia consistir em ir desfiando paulatinamente, ao longo de toda a etapa, os conteúdos relativos aos aspectos específicos ou institucionais. Outra forma poderia consistir em introduzir em cada um dos outros temas que se estudam aqueles elementos que aparecem ao acaso e que são peculiares de cada família religiosa. Assim se colocam diversamente aqueles conteúdos que vão aparecendo e que possuem uma base comum, própria de toda forma de vida consagrada, mas que exigem uma coloração oportuna do próprio carisma, da própria espiritualidade, da própria história etc.

5.3. O eixo vertebrador "discernimento vocacional"

Que os noviços conheçam melhor a vocação divina é a finalidade claramente destinada ao noviciado[6]. Temos recordado isso ao falarmos dos objetivos. Não é de se estranhar, por conseguinte, que um bloco de conteúdos esteja consagrado à consideração da temática referente ao discernimento vocacional. Mas se, além disso, reconhecermos que essa preocupação e o trabalho de discernimento estão relacionados de alguma maneira a tudo o que se vai realizando no noviciado, será necessário admitir que o tema *discernimento* acompanha o conjunto de conteúdos, que não se separam e nem se estudam por puro amor ao saber teológico ou à espiritualidade retórica, mas com o fim de preparar para a opção pela vida religiosa. Portanto, está também aí um autêntico eixo vertebrador ou nervo que ajuda a estrutura dos conteúdos próprios do noviciado.

---

[6] Cf. *CDC* 646.

Esses três eixos podem vertebrar, a meu ver, todo o conjunto dos conteúdos da etapa formativa do noviciado. Os três eixos têm capacidade de aglutinar para agrupar o resto dos elementos do conteúdo. Isto é, partindo do tríplice eixo *iniciação integral-carisma institucional-discernimento vocacional* podem ser articulados todos os conteúdos, de sorte que se percebam ter sentido e não pareçam temas soltos e somente distantemente congruentes com as metas que se quer atingir nessa etapa formativa.

6. Conclusão

Vou pondo um ponto final a este capítulo. A extensão e a aridez do tema assim o aconselham. Uma breve síntese, contudo, ajudar-nos-á a contemplar, como os olhos do pássaro, o itinerário percorrido: apresentei uma proposta de *conteúdos* do noviciado (recordando que, de si mesmo, não são os meramente conceptuais mas que há também os que são relativos aos procedimentos e atitudes); apresentei alguns critérios de seleção desses conteúdos; formulei e agrupei uma boa série de conteúdos possíveis para essa etapa formativa; ensaiei, depois, a seqüência de um tema nuclear, a título ilustrativo; e, finalmente, comecei a considerar a organização ou estruturação dos conteúdos a partir das três linhas-força ou eixos que conferem unidade harmoniosa a todo o conjunto.

Desembocamos assim na questão metodológica: *que* e *como* fazer para que a formação chegue a se interiorizar efetivamente; *quando* e *com que meios* conseguir isso melhor; que *estratégias, procedimentos, recursos* etc., empregar. Tentarei facilitar as respostas a essas perguntas nas páginas seguintes. Tentarei, ao menos, sugerir pistas — que não são fórmulas infalíveis — que possam servir de apoio à atuação (ao *saber agir*) dos mestres e das mestras.

III

QUESTÕES METODOLÓGICAS. A LOCALIZAÇÃO DA CASA DO NOVICIADO

1. Introdução: o papel da metodologia na formação dos noviços

Estudadas as questões referentes a objetivos e conteúdos, apresenta-se nos a questão metodológica. O planejamento do noviciado passa sem dúvida pela questão do método: como, quando, com que meios e que fazer no noviciado para alcançar os objetivos que foram dispostos? A facilidade do encontro entre os conteúdos lógicos (conceptuais, de procedimentos e de atitudes) próprios dessa etapa formativa e a estrutura psicológica dos noviços constituem a essência desta questão metodológica que agora apresentamos: "facilidade", que quer dizer criação daquelas condições para possibilitar e favorecer a interiorização — "ou internalização" — da formação por parte dos noviços, isto é, a colocação em prática de uma série de atos de diverso gênero e o emprego de um conjunto de estratégias, experiências, meios, recursos etc., que ajudem da melhor e da mais fácil maneira a incorporação de todas as aprendizagens específicas do noviciado conforme a estrutura psíquica de cada pessoa. Até aqui nos movemos dentro do padrão geral da metodologia[1].

No sentido que acabo de apresentar, a metodologia pedagógica tem seu papel — e relevante — no planejamento do noviciado. Pois bem, essa metodologia aplicada no campo concreto da formação inicial para a vida religiosa tem, também, os limites que correspondem a sua categoria instrumental: não se pode engrandecer sua importância, nem cair no extremo oposto de desprezar o uso

---

[1] Cf. R. TITONE, *Metodologia didattica*, Roma, LAS, 1979, p. 172.

dos métodos, dos recursos, das atividades, das experiências, da aprendizagens, dos subsídios etc. Mas partindo da convicção de que se trata de *meios* e não de fins em si mesmos.

1.1. Critérios gerais

A intervenção educativa por parte do mestre de noviços e de sua equipe de colaboradores requer uma cuidadosa seleção dos meios formativos e um adequado uso dos mesmos. Por isso, ofereço em seguida alguns *critérios de seleção e uso* desses meios, porque nem todos têm o mesmo valor e, por conseguinte, é conveniente agir com discrição nesse terreno.

1.1.1. Orientações para a seleção dos meios formativos

No que se refere à seleção dos meios formativos considero valiosas algumas orientações emanadas do campo da atividade didática[2], dentre as quais que julgo merecedoras de consideração em nosso caso são as relativas às qualidades de validade, transferibilidade e adequação ou oportunidade, que explico numa série em seguida:

1. *Validade.* — Deve-se tratar, efetivamente, de alguns meios ou métodos que sejam *válidos*, isto é, que sejam na verdade úteis e adequados ao objetivo que se busca durante essa etapa da formação. Não basta que uma atividade seja interessante em si, quando na realidade não corresponde à finalidade específica de um noviciado, ou quando não resulta oportuna no momento concreto da *vida* formativa. Por exemplo, o emprego de tempo e dedicação excessivos na aprendizagem de uma língua, ou freqüentar cursos muito especializados em alguma área da ciência, ou a reiterada e injustificada assistência a atos culturais, museus, conferências etc. Embora essas atividades sejam consideradas em si mesmas interessantes e formativas em geral, não parece que contribuam de maneira expressa à consecução da finalidade do noviciado.

---

[2] Cf. D. K. WHEELER, *El desarrollo del currículum*, Madrid, Santillana, 1976.

Trata-se, em poucas palavras, de saber selecionar ou empregar um *método justo no momento justo*.

2. *Transferibilidade*. — Que as atividades, os dinamismos e os meios empregados tenham uma projeção para a vida. Isso é possuir *transferibilidade*. Deve-se evitar na adoção dos meios quanto possa se assemelhar ao "usar e tirar" da sociedade de consumo na qual nos encontramos imersos. Embora estando conscientes do poder relativo que está inerente a todos os meios, convém estar atentos em não se servir daqueles que possuam uma maior consistência, no sentido de que não resolvam unicamente as necessidades imediatas mas que continuem sendo válidos no futuro. Há, por exemplo, práticas de efêmera consistência (determinadas devoções, mortificações, leituras, dinâmicas etc.), e há dinamismos mais perduráveis que se manterão em vigor ao longo da vida religiosa, ou durante as seguintes etapas formativas, e a estes é que se merecerá prestar atenção devida, tanto para adotá-los como para otimizar na medida do possível seu uso (por exemplo, o treinamento em técnicas de relaxamento para orar melhor, a aprendizagem de diversos métodos de meditação etc.).

Contudo, temos de reconhecer que não podemos exagerar na aplicação desta qualidade da transferibilidade: não pode ser tomada quase como se fosse tão indubitável como um dogma de fé — na hora de discernir sobre sua conveniência ou oportunidade — o emprego de um determinado meio, uma vez que há coisas (recursos, métodos, dinamismos etc.) das que deve-se fazer uso nessa etapa de formação, ou por outra — e com fruto — mas que depois não vão ser utilizadas mais. Foram úteis e oportunas em seu momento, e basta.

3. *Adequação ao momento evolutivo dos noviços*. — Ou dito de outra maneira, que se acomodem a seu diferente nível de maturidade, a sua situação espiritual, ao ritmo que o grupo em seu conjunto vai levando e ao ritmo pessoal de cada um. Há alimentos fortes que não podem ser servidos no início do noviciado sob pena de serem absolutamente indigestos, mas que noutro momento podem ser bem digeridos (por exemplo: uma experiência de deserto, uma atividade apostólica intensa etc.); há modalidades na oração que podem ser estupendas para alguns e, ao contrário, detestáveis para outros. Precisa-se, pois, adequação, oportunidade: saber aplicar o método justo às pessoas justas e na situação justa.

1.1.2. Sugestões para o uso desses meios

Pelo que se refere não somente já à seleção, mas também à colocação em marcha dos meios, permito-me fazer algumas sugestões na linha da prática formativa no noviciado:

1. Não converter os meios dos quais nos servimos em protagonistas da formação. O método é para o homem, não ao contrário. A predileção exagerada por certos métodos, práticas, subsídios etc., que são utilizados, converte-os em "idolozinhos" da atuação educativa, cujo culto deve ficar proscrito nos limites de uma sensata racionalidade. O protagonismo deve ser reservado para as pessoas, que são as que se servem dos métodos, ou em cujo favor é utilizado.

2. Os métodos não devem condicionar apenas quem os utiliza. Deve-se fazer deles um uso flexível. Tendo presente que não há métodos infalíveis, façamos uma planificação dos aspectos metodológicos que seja suficientemente elástica: que possa ser contada com certa liberdade de manobra em sua aplicação, uma possibilidade de mudança durante a marcha; que sejamos rápidos em saber prescindir, a mudar alguns recursos por outros, a suprimir rotinas etc.

3. Não possuindo nenhum dos meios a prerrogativa da infalibilidade, tem que saber distinguir, não obstante, alguns de outros, preferindo aqueles que gozam de uma provada eficácia (experiências contrastadas, sãos costumes etc.) e adotando habitualmente, sem reticências injustificadas, os meios recomendados pela Igreja e aqueles propostos pelo próprio instituto. A tradição multi-secular da vida religiosa no emprego de determinados dinamismos é fonte de sabedoria e de inspiração que não se deve desprezar.

4. Mesmo assim, ficará ampla margem para a criatividade metodológica e para as iniciativas pessoais, tanto dos mestres como dos noviços, em consonância com tempos e lugares. Cabe, pois, dar asas à imaginação no emprego dos meios, a serviço de uma formação séria, procedendo em todo caso com discrição para evitar que se infiltrem meios e ações de incerta eficácia que podem causar a perda, ao menos, de um tempo formativo que é irrepetível.

1.2. Blocos metodológicos que se abordam

À vista dos critérios (orientações, sugestões) esboçados, podemos aventurar-nos a expor ao longo das seguintes páginas uma série de meios formativos que, por outra parte, podem ser considerados os normais e correntes que estão sendo postos em prática nos centros de formação. Nisso tampouco é imprescindível a originalidade. Estou consciente que podia ter apresentado outros meios. A lista de tarefas possíveis, atividades, experiências, ações de diverso tipo etc. seria interminável.

Neste "baú onde estão conjuntos de coisas e idéias diversas" que é a metodologia cabe de tudo. Mas nem tudo colabora igualmente com o fim pretendido, para a consecução dos objetivos do noviciado. Por isso minha pessoal opção por uma série de meios concretos, integrados nos seguintes blocos:

— A casa do noviciado (condições geofísicas, critérios para sua localização e acondicionamento etc.).
— A organização da vida do noviciado (funcionamento e plano de organização no âmbito da comunidade e para fora da mesma).
— A dinâmica espiritual (meios para o progresso na vida espiritual).
— Os dinamismos formativos de colaboração e ajuda fraterna.
— E algumas experiências formativas especiais.

Somente resta-me dizer, ao concluir este ponto introdutório de caráter metodológico, que abordo o estudo desses meios sem pretensão de exaustão permitindo-me incrementá-los, isso sim, com alguns comentários de caráter pedagógico.

2. "Mestre, onde moras?" (Jo 1,38): A casa do noviciado

A questão metodológica começa pela casa e pela localização da moradia, isto é, o *local* da formação.

A formação não tem seu lugar nas nuvens nem dentro de uma redoma pneumática. O ambiente físico e social, onde se localiza a moradia ou casa do noviciado, tem uma função educativa e didática inegável. Constitui o *"humus"* que torna possível o desenvolvimento da formação. Montar os programas da formação prescindido da atenção ao *habitat* é pecar por "um angelismo". O *local* da formação tem, pois, sua importância[3].

Por isso, é lógico e obrigatório se perguntar que tipo de casa é o adequado para um noviciado. E questionar-se acerca das mínimas condições "ecológicas" — empregando um termo em voga — que deve reunir uma casa que se destina a ser laboratório do processo iniciador na vida religiosa e na vida de uma congregação que tem seu próprio dom, seu próprio carisma. É por isso mesmo que não é suficiente que a casa "cumpra" apenas os requisitos estabelecidos pelo *Direito*[4] quanto à sua ereção jurídica. Há outros requisitos verdadeiramente importantes, desde a perspectiva pedagógica aplicada ao ambiente formativo, que não podemos em absoluto passar por alto.

3. Lei fundamental e planejamento básico

Uma casa que se destina à formação dos noviços deverá, antes de tudo, não oferecer sérias contra-indicações que se tornem anti-formativas. Deverá possuir, pelo contrário, um conjunto de condições positivas. Para expressar isso de maneira global e sintética, deverá possuir a *condição ecológica* de *não ser alienante*[5]: que não aliene ou fuja do mundo, da Igreja, do instituto e de sua realidade viva; que não favoreça a alienação ou o esquecimento da dignidade de cada pessoa, de sua originalidade, de sua responsabilidade e de sua liberdade; que não seja alienante em nenhum sentido. Essa seria a condição ou lei fundamental.

Pois bem, o planejamento básico que se deve fazer para se conseguir que a casa do noviciado corresponda, efetivamente, para sua condição educativa e cumpra essa *lei da não-alienação* deve ter resposta para estas três perguntas:

---

[3] Cf. R. Titone, *Metodologia didáctica*, Madrid, Rialp, 1966, p. 545.
[4] Cf. *CDC* 647; 608ss.
[5] Cf. P. Gianola, *A comunidade formativa*, p. 188.

1. Para quem é destinada a casa de formação?
2. Com que finalidade ou objetivo?
3. Através de que modalidade educativa?

As três perguntas servem para apresentar elementos interessantes que orientarão os responsáveis na ereção de uma casa-noviciado; tanto se constrói com uma nova planta como se acomoda outra já existente.

À primeira pergunta ("Para quem é destinada a casa de formação?") responde-se tendo em consideração as características das pessoas que vão habitar o espaço ou lugar do noviciado: jovens — em geral — que chegam de uma sociedade determinada, de grupos eclesiais e de ambientes familiares com necessidades espirituais, psicológicas e inclusive físicas diversas. Para dar um exemplo: não são pessoas já maduras — no sentido da plenitude humana que preenche o termo "maturidade" — que necessitam, além de outras coisas, do exercício físico intenso. Estas são realmente aquelas que, embora sejam simples, necessitam e é vital para elas dispor de espaços abertos e de instrumental adequado.

À segunda pergunta ("Com que finalidade ou objetivo?") responde-se tendo presente a finalidade eminentemente formativa da instituição do noviciado[6]. Outros critérios utilitaristas, inclusive animados às vezes de um mal entendido zelo apostólico não servem neste caso. O lugar — a localização, as condições do edifício, os arredores etc. — deve ser escolhido em função da formação integral dos noviços e da ótima realização da experiência inicial.

A terceira pergunta ("Através de que modalidade educativa?") leva em conta a orientação pedagógica que exigirá medidas concretas na distribuição dos locais e, talvez, exigirá algumas reformas ou acomodações, com vistas a facilitar a intervenção educativa conforme os métodos modernos da pedagogia e, se for o caso, também conforme os tradicionais métodos do próprio instituto.

---

[6] Cf. *CDC* 646.

4. Áreas constitutivas da casa-noviciado

O tema da casa dos religiosos pode-se defrontar, em geral, a partir de ângulos ou posicionamentos diversos. Essas diversas perspectivas dão oportunidade para diferentes análises a respeito da casa: pode-se contemplar, em primeiro lugar, como *espaço físico*, isto é, em suas dimensões arquitetônicas; mas, para essa consideração, acrescenta-se outra: a casa entendida como *espaço simbólico*, isto é, como âmbito de relacionamentos, de comunicação, de encontro familiar etc.; a casa religiosa pode ser entendida também como *espaço sagrado* ou recinto impregnado da presença de Deus; e, finalmente, a casa religiosa pode ser considerada como objeto de regulamentação por parte do *Direito*, isto é, pode ser contemplada como *espaço jurídico*[7].

Tratando-se, em nosso caso, da casa do noviciado, penso que caberia acrescentar uma perspectiva mais àquelas já apontadas: a referência aos aspectos pedagógicos, com o que poderíamos falar de um novo espaço chamado *educativo*. É este último, sem dúvida, o espaço que a nós nos interessa acentuar agora, embora não em total desconexão dos restantes.

O tema sobre os espaços nos leva à consideração de algumas áreas fundamentais nas quais pode ser distribuída a casa-noviciado, nas quais deve-se pensar no tamanho e atenção adequados para que possam cumprir a função educativa que lhes é destinada. Fugindo expressamente da prolixidade, agrupo em três áreas fundamentais os espaços da casa[8]:

a) A *área religiosa*, constituída basicamente pela capela ou oratório. — O noviciado deve girar, arquitetônica e vivencialmente, em torno desse centro religioso. Deverá ser reservado a esse lugar sagrado o espaço mais nobre da casa. O bom gosto e o sentido religioso deveriam juntar-se para fazer da capela esse espaço acolhedor e, simultaneamente, evocador do transcendente; um recinto consagrado à pura gratuidade, ao silêncio, à adoração e ao louvor, à celebração comunitária e ao recolhimento pessoal.

---

[7] Cf. P. García Barriuso, "La casa religiosa" em *DTVC*, p. 159-166.

[8] Cf. X. Pikaza, "La casa religiosa", em *Vida Religiosa*, 50 (1981), p. 389-391; cf. Id., *Tratado de vida religiosa. Consagración, comunión, misión*, Madrid, PCI, 1990, p. 209ss.

b) A *área da comunhão fraterna*. — Fazem parte dessa área todos aqueles espaços nos quais se dão o intercâmbio, como são as salas de reuniões comunitárias, as salas de aulas, a sala de estar, a sala de leituras, a biblioteca, os corredores, as salas de trabalho, os lugares de recreação ou de lazer e esportes etc. Espaços todos eles necessários para o desenvolvimento da vida comunitária e das atividades de cada membro da comunidade. Cada espaço, com sua finalidade específica; cada lugar da casa, com o toque peculiar que o identifica e o converte em espaço funcional, apropriado à atividade que ali se desenrola.

A comunhão ou o intercâmbio fraterno não se instalam no abstrato mas sim em espaços concretos. Daí a harmonia e a qualidade desses espaços — não luxuosos, certamente, mas sim funcionais e feitos sob medida humana — pode depender, em parte importante, o êxito da comunhão, a participação alegre nas tarefas ou no desempenho dos serviços e, numa palavra, a desejada implicação de todos em assumir as responsabilidades comunitárias.

c) A *área da privacidade* ou a cela pessoal. — O noviciado contará também com espaços reservados para a intimidade individual: a habitação pessoal, espaço para a oração, para o estudo e para a solidão. A cela é a escola da realização individual, do encontro consigo mesmo e com Deus, lugar de aprofundamento e de descanso.

Os cartuxos convertem a ampla cela particular em seu quase único centro de atribuições: estudo, oratório, oficina, cozinha, dormitório, jardim ou horta anexos etc. Sem necessidade de fazer confluir tudo num mesmo espaço, como o fazem estes contemplativos, convém sim, valorizar o espaço da própria habitação como reduto íntimo e claustro particular, que propicia um encontro mais familiar com o Senhor e ensina saber estar a sós consigo mesmo.

As habitações particulares podem reunir algumas condições um tanto confortáveis, mas devem ser simples; com luz, calor e ventilação suficientes; mobiliadas com móveis elementares para o serviço; decoradas, se for possível, conforme o gosto do próprio noviço (com a única limitação pressuposta, talvez, que seja exigida pelo estilo pobre e pela austeridade testemunhal da vida religiosa).

5. Alguns critérios a propósito da localização e as utilidades da casa-noviciado

A questão acerca da localização da casa de formação não é pouco importante. É verdade que as razões que aconselham escolher um ou outro lugar determinado podem ser diferentes. Também é certo que qualquer que seja a localização pela qual se opte, podem ser encontradas vantagens e desvantagens. Mas, em qualquer caso, questionar isso não é uma banalidade.

Perguntar-se que tipo de casa é a adequada para a realização do noviciado — em que lugar e em que condições — é partir de um pressuposto: que a localização não é algo indiferente para a finalidade da formação, e que a distribuição do espaço, assim como o condicionamento de imóvel — na combinação de seus elementos arquitetônicos, funcionais e estéticos —, têm também que ver com a consecução dos objetivos educacionais e com esta peculiar experiência de estar se iniciando na vida religiosa. A localização do noviciado deve respeitar essas condições educativas e deve garantir ou, pelo menos, não criar obstáculos para o desenvolvimento de todos os elementos constitutivos dessa etapa. Partimos desse pressuposto, porque é claro que não é qualquer casa nem qualquer localização que o garanta.

Estou certo, contudo, de que em muitos casos não haverá oportunidade para poder optar por uma localização ideal, mas que será obrigado, na hora de "montar um noviciado", conformar-se com o que se tem. Esta é a casa do noviciado e não existe outra! E, por exemplo, a conveniência de envolver já os noviços ou noviças em certas atividades do instituto durante o segundo ano de noviciado, onde ele existe, aconselhará provavelmente situar a casa perto dos lugares onde se desenvolvem essas obras. Quer dizer que estamos diante de um tema que admite muitas opções e se presta, logicamente, a muitas variações. Mas isso não me escusa de oferecer apesar de tudo alguns critérios. Exponho-os estando convencido de que mais avançados que sejam pelo menos são discutíveis.

Com essas premissas, então, vou apontar quais seriam, a meu ver, as *exigências mínimas de localização* e a capacidade de disposições exigidas para uma casa de noviciado:

a) Na medida do possível, deve-se optar por uma casa que possua um bom e adequado espaço geográfico-ecológico. As condições ecológicas dos arredores podem dar-se, suponhamos, em lugares distantes das grandes cidades (no campo, ou em pequenos núcleos urbanos), mas também podem ser localizadas em bairros residenciais ou nas zonas periféricas nas quais não há grandes aglomerações.

Logo fica desaconselhada a realização do noviciado em comunidades inseridas, segundo *Potissimum Institutioni*[9], o qual já descarta *a priori* alguns lugares. O que parece recomendável, na hora de se procurar uma localização adequada, é que o prédio ou a casa que se escolha para tal fim se encontre num ambiente que favoreça o silêncio, o estudo, a tranqüilidade e o contato com a natureza. Mas isto não quer apresentar um sentimento romântico nem um afã de buscar a qualquer preço uma paz paradisíaca, que resultaria, depois, também anti-formativa e alienante. Trata-se, antes, de escolher um local que permita satisfazer as necessidades básicas da formação nessa etapa contando para isso com um ambiente que não seja agressivo. Não se procura, pois, por isso mesmo uma condição privilegiada, da qual por outra parte, a maioria das pessoas não possuem.

b) A casa do noviciado, além disso, por sua localização, pela disposição do edifício, organização racional dos cômodos, ambiente e possibilidades para o retiro etc., deve constituir uma autêntica o*ferta profética* tanto para os moradores habituais da mesma como para aqueles que a procuram eventualmente ávidos de espiritualidade. Será adequada aquela casa que ofereça uma *clausura*, isto é, *um âmbito fechado* de maneira bem segura para evitar a dispersão, distrações, desajustes etc., e, ao contrário, *aberto* para tudo quanto possibilita a unificação pessoal: onde se possa sentir irmanado com a natureza, gozar a fraternidade; um lugar para a intimidade, o encontro, a confiança; um espaço religioso, não tecnificado, de linhas elementares, onde cultiva-se o gosto pela contemplação, onde se percebe a presença do divino e se aprende a olhar para a profundidade[10].

---
[9] Cf. *PI* 50.
[10] Cf. X. PIKAZA, *o. c.*, p. 394-397.

c) Conjugar as exigências de uma vida religiosa na pobreza, austeridade e vigor com os avanços da modernização que impõem as tarefas educativas. O noviciado, pode ser montado com as instalações e o mobiliário necessários para desenvolver as atividades formativas normais. Não se precisa de uma casa construída com material de primeira e dotada dos últimos avanços da técnica. O luxo, o excesso de meios voltam-se contra a própria formação, além de contradizer o espírito religioso.

A casa não deve estar na vanguarda do conforto, mas sim ser confortável. Que não se julgue demais uma biblioteca atualizada, com livros referentes à vida consagrada, à vida espiritual, às ciências bíblicas e teológicas, ao carisma da família religiosa etc.; que a capela ocupe um lugar de fácil acesso e, por sua vez, tenha o conveniente isolamento e esteja cuidada nos mínimos detalhes; que a casa disponha de um conjunto de móveis dignos; que existam lugares suficientes e diferenciados para cada atividade específica (refeitório, cozinha, oratório, sala de estar, de reuniões, de recreação e esportes, de trabalhos manuais, de palestras ou aulas etc.); que também o quarto do mestre conte com um discreto mobiliário; que na sala de atendimento haja ordem e decoro; que tenha uma boa ventilação, iluminação e o tom quente adequados e aptos para as entrevistas pessoais; que a nobreza dos materiais empregados na casa, sem chegar ao luxo, convide os noviços a serem cuidadosos e a cultivar os hábitos de limpeza e de higiene; que a casa inteira fique arejada convenientemente (ventilação, calefação ou refrigeração, acústica, luminosidade, decoração à base de elementos naturais etc.).

É uma urgência educativa cultivar a sensibilidade estética: que cada noviço chegue a apreciar e sentir como necessidade o gosto pela beleza; que possa despertar a sensibilidade estética dentro de si ao contato com aquilo que o cerca, com a natureza e com a casa religiosa. Essa não deve ser uma mansão rica, mas pode, sim, ser uma vivenda simples mas por sua vez bela, harmoniosa, alegre, habitável, idônea para a consecução dos fins correspondentes a essa instituição formativa.

d) Finalmente, uma condição importante da casa do noviciado é que favoreça a criação de uma verdadeira *atmosfera carismática.*

É impossível pedir às paredes de um edifício que favoreçam essa atmosfera. Isso excede as possibilidades dos materiais de construção. É verdade, não obstante, que uma adequada decoração da casa, na qual se acham presentes — de maneira discreta e não desprovida de bom gosto — determinados objetos ou símbolos do Instituto, bem poderia contribuir para criar esse clima[11].

Pois bem, são principalmente as pessoas que habitam a casa as que podem configurar de verdade o interior da vivenda, criando aquela atmosfera formativa ideal e propícia para favorecer a apropriação, por osmose, de certos valores. A esse propósito, escreveu J. C. García Paredes:

> "Não basta estar num lugar. É necessário criar ali, dentro dele, uma atmosfera carismática. Somos chamados a domesticar os lugares, a convertê-los em nossa casa, na casa do carisma. Criar uma atmosfera comunitária e formativa adequada é possível quando há criatividade, imaginação, mística. Se numa comunidade a serviço do processo inicial na vida carismática não se respira o entusiasmo e a radicalidade do carisma, está se viciando a vitalidade dos formandos. Por isso a importância que há em criar uma atmosfera onde se respira ar de entrega, de oração, de diálogo, de amor fraterno, de sacrifício e abnegação, de utopia, de luta etc..."[12]

---

[11] A casa religiosa não se converte em casa *sagrada*, despertadora de ressonâncias transcendentes e carismáticas pela simples presença de alguns objetos. Tampouco pelo conjunto das bênçãos e aspersões. Intervém um elemento subjetivo, humano, que muda os *objetos* em *âmbitos*, isto é, converte-os numa realidade que não pode ser delimitada, pesada, azeda... Mas que tem uma eficiência. A respeito da distinção entre objeto e âmbito, cf. A. LÓPEZ QUINTÁS, *Vértigo y éxtasis. Bases para una vida creativa*, Madrid, Asociación para el Progreso de las Ciencias Humanas, 1987, p. 196-197.

[12] J. C. R. GARCÍA PAREDES, "Proceso de iniciación para una vocación profética. Replantear hoy la formación para los institutos religiosos", em J. ÁLVAREZ (dir.), *Formar hoy para la vida religiosa de mañana* (Semanas de Vida Religiosa, 20), Madrid, PCI 1991, p. 52.

IV

A CAMINHADA DESSA TRAVESSIA FORMATIVA

A travessia de uma etapa da formação como essa do noviciado requer uma adequada caminhada. A palavra "travessia" lembra a palavra "processo", que indica movimento ou passar de um lado para outro, deslocamento, avanço por um terreno que se interpõe entre o ponto de partida e a meta ou o ponto de chegada. Fala-se, por exemplo, no contexto da Sagrada Escritura, da *travessia do deserto* pelo povo hebreu. E esta palavra — "deserto" — também tem conotações bíblicas e formativas. A palavra "deserto" lembra a ambientação bíblica das tentações de Jesus no deserto e inspirou em algum autor[1] um paralelismo com a vida religiosa, especialmente inspirador em relação com as etapas formativas, nas quais as provas não faltam, mas também não falta a assistência da divina graça para realizar com êxito essa travessia ou processo que não se defronta na solidão mas com outros companheiros de expedição e, sobretudo, em companhia seguindo o Senhor Jesus, cujo estilo de vida se assume e se procura *representar*. Entrar no noviciado significa dar começo a uma travessia totalmente original: aquela de se iniciar na vida consagrada própria de um instituto que, nos termos da teologia da vida religiosa, se define como "uma representação sacramental, na Igreja e para o mundo, de Cristo-virgem-pobre-obediente, que compartilha sua vida e sua missão com os apóstolos"[2], conforme o espírito herdado do fundador.

Precisamente porque não é coisa de pouca monta o fato de iniciar essa caminhada, a Igreja estabelece que haja, no princípio, um ano de noviciado — ou dois, em alguns institutos — para assegurar que os aspirantes se disponham adequadamente a abraçar esse gênero de vida.

---

[1] Cf. G. URIBARRI, "En el desierto de la formación", em *Sal Terrae*, 82 (1994), p. 687-712.
[2] S. Mª ALONSO, *La vida consagrada. Síntesis teológica*, Madrid (10), PCI, 1992, p. 107.

Pois bem, uma vez que esse ano ou esses dois anos, onde ele for estabelecido, é o primeiro trecho que precisa percorrer na vida do instituto; fazendo com que essa etapa formativa revista-se de particular importância (por suas conseqüências para o futuro), e uma vez que é, em seu conjunto, uma experiência completamente singular, é claro que necessita preparar-se com esmero e que deve ser iniciada com diligente cuidado.

No que diz respeito à preparação remota, julgo necessária a existência de um período de pré-noviciado que habilite os aspirantes para enfrentar, com as convenientes disposições e com a suficiente perfeição de ânimo, a passagem para essa etapa formativa fundamental e única, que é o noviciado. Mas deixando de lado essa preparação remota que acabo de aludir, quero destacar agora esse outro começo da caminhada da travessia ou do processo formativo já no próprio lugar do noviciado.

Os primeiros dias que supõem a atração da novidade, por uma parte, mas também o esforço acrescentado e penoso da acomodação, por outra, devem ser empregados em realizar uma boa iniciação, sem pressas mas, por sua vez, sem demoras. Visando isso, sugiro as seguintes medidas, que explicarei em seguida:

— a adoção de uma organização e disciplina suficientemente flexíveis, assim como o emprego de algumas dinâmicas encaminhadas a conseguir a integração comunitária;
— a distribuição de responsabilidades, tarefas, serviços etc., comunitários;
— a apresentação do projeto comunitário e a elaboração da correspondente programação para o período da etapa;
— e, como uma parte já dessa programação, a organização da transmissão dos conteúdos.

1. Organização inicial flexível e emprego de dinâmicas para a integração comunitária

Começar com a seriedade que requerem as coisas importantes não quer dizer começar exigindo muitas coisas, urgindo desde o primeiro dia o cumprimento mais estrito da observância regular; nós, seres humanos, não funcionamos maquinalmente. Ao contrário da vida secular, a vida religiosa, mesmo tendo tido um período de postulantado, não se opera de maneira automática. Requer o respeito dos biorritmos de cada pessoa. Um horário muito apertado pode enervar os principiantes. Um horário suficientemente elástico, ao contrário, ajudará a acompanhar esses diferentes ritmos: descansar bem, dormir as horas necessárias, estar relaxados... Somente quando isto for conseguido pode-se dar os passos seguintes na acomodação do horário e disciplina. Que o sentido da ordem e da disciplina não vá se impondo a partir de fora, violentamente, mas que nasça de dentro, como uma exigência que vai sentindo pouco a pouco a comunidade e cada um dos noviços.

"Sentir-se em sua própria casa": aqui está um claro objetivo a ser conseguido durante os primeiros dias da estadia no noviciado. É provável que os jovens ingressados tenham visitado anteriormente a casa, conhecido o mestre e a equipe formadora, e talvez tenham passado ali alguns dias para ter um primeiro contato. Agora trata-se de conseguir que não continuem considerando-se hóspedes em casa alheia mas que se sintam de verdade a gosto, como em sua própria casa.

Para tal efeito se fará para eles uma apresentação detalhada das pessoas e da casa: salas comuns, quartos particulares, materiais e instrumentos que estão a serviço da formação... Será conveniente conseguir que este "giro", conduzido por um guia, que pode ser o próprio mestre, contribua para que os noviços vão se situando e para que tomem posse da casa, anotando em seu interior essas primeiras impressões relativas às pessoas concretas da comunidade, com nomes e fisionomias, e esses espaços que a partir desse momento vão ser para eles tão familiares.

Não é o espaço físico, evidentemente, o que proporciona a sensação de bem-estar e de acolhida familiar; são antes de tudo as pessoas, como indiquei oportunamente ao falar da casa e de sua atmosfera carismática, especial, que se cria em seu interior. Por isso, a comunidade toda se mobilizará em torno do comum empenho de acolher sem reservas aqueles que chegam e de lhes facilitar sua acomodação progressiva aos costumes e usos comunitários, transmitindo-lhes o conhecimento das pequenas tradições e de outros pormenores[3].

O grupo de noviços, os membros do grupo da equipe de formação e os outros componentes da comunidade vão conviver por longo tempo. Como é provável que ainda não se conheçam o suficiente, pode ser muito útil dedicar alguns encontros comunitários para uma apresentação mais ou menos formal, por sua vez, espontânea, num clima familiar, das pessoas que constituem a comunidade do noviciado: quais são os membros professos da comunidade, qual é a função nessa casa, a que se dedicaram anteriormente no instituto, quais são suas expectativas e sentimentos a respeito do trabalho de formação que realizam em nome da congregação etc.

Cada noviço, por sua vez, pode fazer também sua auto-apresentação diante dos outros: quem ele é, porque veio, qual foi sua pequena história pessoal, quais são seus desejos e ilusão, os temores que nesse momento inicial o afligem, esperanças que se aninham em seu coração etc.

Além dessas sessões de intercomunicação fraterna organizada se facilitará o intercâmbio espontâneo e a convivência comunitária por meio de outros momentos de expansão: esportes, passeios, saídas para o campo etc. E não faltará uma simples festinha de boas-vindas que contribua para que cada noviço se sinta acolhido na fraternidade e experimente gostosamente sua entrada no seio da comunidade, sua nova família, a qual pertence desde que atravessou a porta da casa religiosa.

2. Distribuição das responsabilidades

A comunidade não é uma entidade abstrata mas uma coletividade humana composta por pessoas que se inter-relacionam. Isso quer dizer que deve funcionar também de modo humano. Necessita

---

[3] "Os costumes monásticos caseiros, os hábitos e pequenas tradições de cada comunidade desempenham também uma função formativa. Ensinam a conviver, constroem o sentido de solidariedade e pertença palpável, reforçam a identidade e relacionamento entre as diferentes gerações, permitem a continuação de uma sã continuidade, fazem com que eles se sintam 'em casa'", B. Oliveira "Comunidade formadora", em *Cuadernos Monásticos*, 64 (1983), p. 77.

de uma mínima organização para que funcione e para que o faça bem. Sem invocar agora os princípios da teologia da vida religiosa, em sua base comunitária, ou nos pontos concernentes à obediência, à disciplina regular etc., compreenderemos facilmente a necessidade de que o noviciado entre quanto antes naquele grau de funcionamento que garanta a boa marcha da comunidade e ir tomando progressivamente o tom desejável em todos os aspectos.

Para o funcionamento da vida comunitária há uma série de responsabilidades — tarefas, encargos ou serviços — que é preciso assumir. Os noviços poderão assumir aquelas que correspondem mais diretamente ao campo estrito do noviciado e, talvez, outras não tanto diretamente relacionadas com esse campo mas que se julga justo assumi-las, sempre que não acarretem nenhum prejuízo ao principal fim, qual seja o da formação.

Na distribuição ou escolha dos diversos encargos comunitários poderá aceitar-se a espontânea preferência dos noviços para determinadas tarefas e serviços. Já desde os primeiros dias se procurará cultivar o sentido da responsabilidade no desempenho desses pequenos compromissos, assumidos em nome da comunidade e em benefício da mesma.

A repartição das funções, cargos, serviços etc. pode ser executada por ocasião de algum dos primeiros encontros comunitários, e se poderá estabelecer com caráter provisório até que se realize a programação, na qual a determinação dessas responsabilidades ficará fixada já de maneira definitiva.

Mediante a revisão comunitária analisar-se-á, mais para frente, como vão sendo desempenhados esses cargos e serviços, dando oportunidade para a melhoria e emenda das possíveis deficiências; também se poderá deliberar sobre a mudança ou redistribuição dos mesmos, se parecer conveniente.

3. O projeto formativo e a programação comunitária

O noviço, no início da travessia dessa etapa, agradecerá que se lhe proporcione um mapa do caminho percorrido: que se lhe ofereça uma visão panorâmica do *itinerário* a seguir e que se lhe dê a conhecer quais são os passos previstos no plano amplo ou geral da formação. Em conseqüência disso, durante as primeiras jornadas de iniciação serão esboçadas as grandes linhas formativas, com o objetivo de ajudar o noviço a fazer uma idéia sobre a finalidade e os objetivos de toda a formação inicial e, em concreto, sobre os correspondentes sobre essa etapa que se está começando.

Para esse fim, se dará uma instrução sobre a *doutrina da Igreja*; o fará conhecer a *legislação particular* do próprio instituto; serão demonstradas as diretrizes do plano geral de formação e, inclusive, as de um possível plano provincial ou do organismo mais imediato de que depende a comunidade do noviciado.

Na apresentação do *plano geral* — como marco fundamental de referência — e do *projeto específico* para essa etapa formativa, seguirá a apresentação do *calendário* previsto para todo o tempo do noviciado. Consistirá num avanço informativo das sub-etapas de que se compõe o itinerário, ou nas quais se subdivide a etapa do noviciado; a exposição dos grandes blocos temáticos, as principias experiências, dos dinamismos fundamentais e de sua seqüência e organização ao longo da etapa.

Com essas informações iniciais irá preparando-se o terreno para a realização da *programação comunitária*. Esta não pode partir do zero. Necessita de um tempo de rodagem comunitária e supõe uma elementar familiarização dos noviços com as principais fontes inspiradoras do projeto formativo. Poderia ser suficiente o prazo de um ou dois meses para conseguir essa preparação que permite abordar a programação comunitária.

A programação implica a vontade de colaboração de todos os membros da comunidade e de seu compromisso participativo na elaboração dessas linhas concretas de ação que vão tornar operativo o projeto. Pois bem, converter em operativo o projeto não significa atribuir-lhe projeção utópica, mas sim, significa contar com realismo com as possibilidades e condicionamentos que existem. O próprio projeto formativo e sua tradução na programação comunitária permitirão aos noviços se conscientizar precisamente dos *ideais* e de suas *realidades*, das *utopias* e *expectativas* etc., e também suas *resistências* e *incoerências*. Tudo isso irá permitir prever o ritmo ou velocidade que convém imprimir à caminhada posta em marcha daquilo que se programou.

A programação comunitária pode ser um elemento dinamizador de primeira ordem, e não somente pelas resoluções concretas que se adotem mas também porque em si mesma constitui um instrumento de conscientização singular daquilo que é e se persegue no noviciado, e porque envolve desde o princípio as pessoas numa tarefa comum, contribuindo para que se sintam protagonistas do projeto da programação e não passivos destinatários dos mesmos.

Três blocos de perguntas podem ajudar a pôr em andamento essa programação comunitária:

1. *Situação inicial*
a) O que busco ao ingressar neste instituto?
b) Por que ou para que me decidi a dar o passo de vir ao noviciado?
c) Quais são as minhas aspirações mais profundas? (Reflexão pessoal. Também poderá ser em comum.)

2. *Iluminação*
a) O que pedem a Igreja e o Instituto ao noviço? (Consulta às fontes ou documentos eclesiais e congregacionais.)
b) Há coincidência ou discrepância entre o que eu busco e o que estabelecem a Igreja e a congregação?

3. *Resoluções, ações, meios...*
a) O que podemos fazer concretamente? (Como, quando, com que meios? Linhas de ação concretas e meios correspondentes.)

Será útil consultar a programação dos cursos anteriores, assumindo o que a experiência do noviciado de outros anos tenha avaliado como positivo e excluindo ou corrigindo, com sentido crítico, aqueles elementos programados por outros que se julguem menos válidos no momento presente[4].

---

[4] A maior abundância, para ver como podem se dar os passos metodológicos próprios da programação comunitária, consulte-se, por exemplo: J. PANINI, "El proyeto comunitario: su elaboración y vivencia", em *Vida Religiosa*, 48 (1980), p. 465-473; pode-se ver também um método prático de elaboração do projeto comunitário tal como o apresenta P. FINKLER, *El formador y la formación para la vida religiosa*, Madrid, Ed. Paulinas, 1984, p. 164ss.; pode-se consultar com bastante proveito a publicação de M. MARTÍNEZ, *Los proyectos personales y comunitarios*, Madrid, PCI, 1992, particularmente as p.173-187; cf. também J. Mª ILARDUIA, *Comunidad y proyecto comunitario. Camino de encuentro y comunión*, Vitoria, Ed. Frontera, 1996; pode ser útil, também, ver os modelos apresentados na Revista *Confer*, 19 (1980), n. 69, fasc. 1, apresentados por alguns noviciados da Espanha.

4. Organização da transmissão dos conteúdos

No transcurso da etapa do noviciado, uma boa parte de cada jornada vai estar consagrada às orações comunitárias e pessoais e outras tarefas. De todas elas falarei mais adiante. Mas outra boa parte do tempo vão ocupá-la em atividades relacionadas com a transmissão e o aprendizado dos conteúdos próprios da vida religiosa e da vida e tradição do instituto. A programação da etapa vê-se obrigada a abordar, pois, no começo, a organização da transmissão dos conteúdos.

Embora seja verdade que os estudos acadêmicos ou oficiais, inclusive os da teologia, sejam descartados da programação do noviciado, uma vez que há expressa proibição canônica de que os noviços se ocupem em estudos e trabalhos que não contribuam diretamente para a formação[5], não é menos certo que essa mesma formação — em sua fonte doutrinal, espiritual etc. — exige algum tipo de atividade relacionada com o estudo.

Efetivamente, tanto no que se refere à transmissão dos conteúdos como no que concerne à assimilação pessoal dos mesmos, supõe-se pôr em prática alguns meios, entre os quais deve-se mencionar o estudo, o trabalho de pesquisa, a leitura de livros, a assistência de aulas, de palestras etc. Uma palavrinha, portanto, a respeito de alguns desses meios:

a) *As palestras, conferências, aulas etc.* — São o meio normal da transmissão dos conteúdos. Uma vez que no noviciado não se devem dar atividades acadêmicas no sentido estrito, será oportuno despojar essas intervenções de ensino da roupagem magisterial das quais poderiam revestir-se, ao contrário, em outra sede. Mas despojá-los dessa roupagem não significa os privar da seriedade e da profundidade relacionadas com a temática em questão.

A temática multidisciplinar que se aborda no noviciado aconselha servir-se de alguns colaboradores ou especialistas que, a partir de sua respectiva competência disciplinar repartam essas aulas e conferências. As aulas podem ser dadas tanto no próprio centro ou

---
[5] Cf. *CDC* 652, 5.

num outro local que, talvez, os noviços possam assistir com facilidade e proveito[6]. O emprego de outros recursos, como fitas cassetes gravadas e de vídeos, poderia suprir, em certas ocasiões, a assistência direta a essas aulas. Mas o normal e aconselhável é sempre a assistência às mesmas. "O vivo e o direto" é, geralmente, preferível. Parece vantajoso assistir pessoalmente a essas exposições doutrinais, e contatar com os conteúdos através de quem os expõe com a vivacidade insubstituível de sua presença, tendo assim a oportunidade de fazer um exercício interativo, uma pausa, repetir o que já foi tratado.

A equipe formadora — mestre e colaboradores imediatos — abordará a distribuição das matérias convenientemente, conforme a especialidade de cada um. O mestre procurará reservar para si o tratados dos aspectos correspondentes à espiritualidade do próprio instituto. Os conteúdos concernentes a essa área institucional gozarão de um espaço-duração nobre contando, inclusive, com a colaboração de peritos na espiritualidade da congregação. O mestre poderia confrontar, de maneira que se varia, o estudo daqueles aspectos carismáticos sobre os quais incidem os conteúdos de cada área específica que cada professor vai tratando ao longo do curso. Desse modo, todos os conteúdos adquirirão também relevos e coloridos peculiares, partindo do foco iluminador do próprio espírito congregacional, ao cruzá-los, e assim toda a formação doutrinal ganhará maior coesão e sentido.

b) *O estudo pessoal.* — O número de horas consagrado às palestras, conferências, aulas etc., não deve ser excessivo. Os noviços devem gozar de um tempo que seja suficientemente amplo para o estudo pessoal. Devem aprofundar, sem angústia, na temática que vão abordando os professores na aula; devem poder dedicar bastan-

---

[6] Os cursos ou aulas aos noviços etc., que alguns institutos ou entidades religiosas têm organizado, e cujos destinatários são noviços e noviças de ordens e congregações diferentes, são uma ótima forma de transmissão dos conteúdos da qual poderiam beneficiar-se muitos noviciados. Costumam ser cursos nos quais, além da transmissão dos conteúdos comuns da vida religiosa, são oferecidas atividades complementares interessantes: retiros, celebrações, convivências... Já me refiri — na primeira parte, capítulo 2 — as orientações que, com respeito à colaboração formativa inter-congregacional foi publicada pela CONGREGAÇÃO PARA OS INSTITUTOS DE VIDA CONSAGRADA E SOCIEDADES DE VIDA APOSTÓLICA, *A colaboração entre institutos para a formação*, Roma, 1998: cf. n. 14-16.

te tempo à leitura e consulta de livros, documentos e determinadas fontes bibliográficas do instituto. Esse tipo de trabalho de pesquisa pode ocupar boa parte da jornada. O aproveitamento do tempo pessoal nessa atividade depende, em boa parte, da orientação metodológica que os formadores dão antes de cada trabalho, de seu acompanhamento durante a realização do mesmo e do incentivo constante de tirar o suco dessas horas de estudo e reflexão.

A avaliação — necessária — desse trabalho de estudo e pesquisa não pode ser confundida com os tradicionais exames, mas que deve se converter em fontes de motivações para o prosseguimento da tarefa empreendida. A adoção de determinados métodos, como por exemplo, a forma de seminário, implica já certa avaliação, contribuindo, além disso, para que os noviços percebam o trabalho realizado por seus companheiros e se estimulem a dar novos passos no aprofundamento da pesquisa iniciada.

Convém orientar os noviços a respeito do uso da biblioteca e do emprego do tempo pessoal de sorte que limitem, ordinariamente, a dedicação de seu tempo à leitura dos livros que se relacionam com os conteúdos próprios do noviciado. Com esse fim, poderia elaborar-se uma ampla lista de títulos que são oferecidos como orientação, como seleção de acordo com as necessidades e interesses dos noviços e conforme a oportunidade dos diferentes conteúdos doutrinais que vão aparecendo ao longo da etapa.

Tudo isso faz parte da organização da transmissão dos conteúdos, que no princípio do curso deverá assumir, sobretudo, a equipe formadora, como compromisso de serviço a favor de uma formação que não se deixa para uma improvisação do momento.

Nada mais que acrescentar sobre a *caminhada* do noviciado. Há outros muitos aspectos que tratar, evidentemente. Isso iremos defrontar-nos nas seguintes páginas. Neste capítulo somente aludi à metodologia que parece imprescindível para "arrancar" com êxito na travessia dessa etapa: os meios aconselháveis do funcionamento inicial, o emprego de dinâmicas de integração comunitária, a distribuição razoável de certas responsabilidades comunitárias, a programação e, finalmente, a organização da transmissão dos conteúdos. Passemos, então, já à consideração de outros meios.

V

A ANIMAÇÃO DA VIDA COMUNITÁRIA

1. O princípio da co-responsabilidade

O sentido da obediência religiosa e, por conseguinte, a aceitação na fé do papel da comunidade e da pessoa que ostenta a autoridade dentro dela deve conjugar-se com o sentido da iniciativa pessoal e com o sentido da co-responsabilidade de todos e de cada um dos membros da comunidade formadora. Isso, comporta logicamente, a implicação de todos na organização da vida comunitária.

Os noviços deverão exercitar-se na prática de ambas as coisas: a obediência e a iniciativa particular. Deverão aprender a renunciar em muitas ocasiões a sua própria vontade, a vencer a natural tendência a seguir o ditame de seu próprio parecer, a relativizar o direito da afirmação da própria autonomia; mas terão de exercitar-se também na práxis de uma obediência ativa e responsável que não anula sua capacidade crítica mas que, pelo contrário, exige mantê-la em atenta vigilância e contribuir com todas suas energias pessoais para reforçar aquilo que a comunidade assume ou decide, depois de um discernimento no qual todos tomaram parte.

O noviciado, além de funcionar como uma autêntica comunidade religiosa (apesar de que, no estrito sentido canônico, os noviços não são ainda religiosos), pretende ser também uma verdadeira *comunidade educativa*, no sentido de que intende comprometer formadores e formandos num íntimo diálogo permanente em torno dos mesmos valores, mesmos fins e objetivos, isto é, procura implicar todos enquanto se começa, se projeta e se realiza... Todos são na verdade *protagonistas da formação*, embora de maneira devidamente estruturada e diferenciada. O princípio da co-responsabilidade e participação dos membros da comunidade obriga, pois, a todos a uma implicação real, sem exceções.

A animação comunitária, então, não é só incumbência do mestre, do corpo de formadores, daqueles que estão à frente da instituição. Também os noviços devem participar em tantas coisas e momentos: na programação, organização, posta em funcionamento, a repartição de responsabilidades na comunidade, avaliação do que foi realizado etc. As condições, meios e modos como isso se coloca em prática podem ser diferentes[1].

2. As reuniões comunitárias

Já disse algo a respeito das reuniões comunitárias de tipo programático (elaboração do projeto formativo e da programação); também expus algumas dinâmicas de integração comunitária para os primeiros dias da caminhada do noviciado. Fiz alusão também à distribuição das responsabilidades e serviços entre os formandos. Agora passo a considerar, de preferência, esse outro tipo de reuniões comunitárias que acontecem no decurso do ano com caráter habitual. São reuniões que se revestem de modalidades diversas: podem ser encontros formativos cuja finalidade consiste em aprofundar em comum os temas previamente estudados, expostos pelo mestre ou por algum professor; podem ser reuniões destinadas ao intercâmbio de impressões, pontos de vista sobre as experiências ou vivências e sentimentos na linha de determinados acontecimentos, datas, notícias etc.; pode tratar-se de uma revisão da caminhada da comunidade para avaliar como vão sendo realizadas as propostas que foram feitas ou as resoluções que se tomaram na programação; pode-se tratar simplesmente de uma reunião informal na qual o mestre apresenta certas informações, faz algumas advertências ou pedidos, e os noviços intervêm com espontaneidade. Pode tratar-se, enfim, de encontros destinados a analisar o grau de comunicação e integração dos membros da comunidade

---

[1] Os campos de participação ativa dos noviços podem ser muito variáveis. Veja-se como exemplo, o que a esse respeito oferecia, já nos primeiros anos da efervescência pós-conciliar, o artido de A. Diez, "Participación activa de los novicios en la vida del noviciado. Metas. Métodos", em *Confer*, 12 (1973), p. 383-402.

e a promover o crescimento, numa palavra, da dimensão relacional intra-comunitária[2].

Esses encontros comunitários devem servir para reforçar o sentido de pertença a essa família, que é a comunidade religiosa. A utilidade dos mesmos não se deve medir unicamente pelos resultados obtidos de imediato, como se toda reunião devesse trazer o selo da eficácia. A utilidade principal desses encontros consiste, antes, no crescimento nesse sentido de pertença, na alegria de estar unidos, em "saber-viver conjuntamente" sem esperar outros resultados espetaculares,[3] e a conseguir a comunhão interpessoal apesar de todos as dificuldades que com freqüência a comunicação humana apresenta.

As reuniões comunitárias deveriam realizar-se conservando sempre um ar familiar, um clima de cordialidade que outras reuniões não permitem tanto, como por exemplo as que se revestem de uma finalidade estritamente instrutiva (aulas).

Na medida do possível, os noviços deverão iniciar-se já nas técnicas ou dinâmicas do diálogo para que, com essa iniciação ou treinamento, as reuniões comunitárias sejam uma verdadeira ocasião de encontro interpessoal, um intercâmbio rico e uma oportunidade para o estímulo criativo. O diálogo é um elemento altamente enriquecedor para a comunidade e para cada um dos membros que a integram. Mas o diálogo requer aprendizado; requer treinamento. Não é tanto saber conversar, ser fácil para a comunicação, ou, inclusive, evitar atritos, quanto adotar uma postura, uma *atitude dialógica*[4] que é geradora de unidade, de comunhão com os irmãos, que leva ao reconhecimento sincero da necessidade que todos temos dos outros, que dispõe para a comunicação dos bens — materiais e, sobretudo, espirituais — e que edifica a comunidade.

O treinamento, o exercício prático no diálogo contribuirá para adquirir essa "atitude dialógica", a dominar a arte do diálogo intra-comunitário. Com freqüência se vive juntos, mas falta a união. E o diálogo é precisamente o primeiro instrumento da união, um instru-

---

[2] Pode-se ver, com esse tipo de reuniões, o livro de E. Arango, *O Caminho Comunitário. Crescimento em comunhão*, 1989, traduzido pela Ed. Santuário, Aparecida-SP. O autor oferece diversas dinâmicas e exercícios práticos na intenção de se conseguir a síntese entre a autonomia das pessoas da comunidade e sua pertença à mesma.
[3] Cf. J. Pujol i Bardolet, "Comunidad", em *DTVC*, p. 313.
[4] A. López Quintás, "Diálogo", em *DTVC*, p. 501.

mento mágico que realiza milagres, "que desata todos os nós, dissipa todas as suspeitas, abre todas as portas, soluciona todos os conflitos, amadurece a pessoa e a comunidade, é o vínculo da unidade e da paz, é a alma e a mãe da fraternidade"[5]. Esses frutos tornam muito recomendável o aprendizado e a prática do diálogo, principalmente nessa etapa formativa na qual se põem os fundamentos de toda a vida religiosa e na qual entram pessoas de diversas procedência, formação, idade e mentalidade.

A *ascese do silêncio* deverá ser completada com esta outra *ascese do diálogo*. Falo da *ascese* pela implicação que o exercício do diálogo supõe das virtudes da humildade, do respeito ao outro, da superação dos desânimos e da superação das barreiras ou obstáculos que se interpõem em toda comunicação. A ascese do diálogo comporta também o domínio de uma série de competências ou habilidades comunicativas, favorecedoras de uma escuta empática, de uma comunicação aberta e livre de pré-julgamentos, prevenções etc., e que se realiza sem máscara[6].

3. O aprendizado do trabalho em equipe

Na vida religiosa — e, em particular, na vida do noviciado — não somente se convive ou se aprende a "viver conjuntamente" mas que também se atua em equipe, ou se "faz conjuntamente". Exceto nas formas de vida religiosa de cunho nitidamente anacoreta, nas demais a missão costuma unir a atividade dos membros do instituto em ações realizadas de maneira unida. E, embora seja certo que também os membros podem atuar sozinhos em trabalhos e em empresas apostólicas, assistenciais etc., fazem-no em sentido comunitário, dependente do grupo de origem e em comunhão com ele.

O noviciado, como o restante das etapas formativas, pode ser uma magnífica escola de trabalho grupal que forma e prepara para a vida futura nos valores da solidariedade, da colaboração, no compromisso real e ativo na caminhada da comunidade e no desenvolvimento do apostolado.

---

[5] I. LARRAÑAGA, *Sube conmigo. Para los que viven en común*, Madrid (4) Ed. Paulinas, 1979, p. 228.
[6] Cf. H. FRANTA e G. SALONIA, *Comunicazione interpersonale. Teoria e pratica*, Roma, LAS, 1979, p. 116ss.

O retrato-robô do homem pós-moderno apresenta traços fisionômicos alarmamente individualistas. A sociedade de consumo criou um grande número de indivíduos que estão ao léu, isolados, sozinhos, lutando sozinhos contra um mercado gigantesco e anônimo.[7] O homem-tipo que, partindo dos valores evangélicos, se propõe como alternativa cristã e religiosa há de ser aquele que se distingue, entre outras coisas, por valorizar e promover a capacidade de colaboração a toda prova...

A vida religiosa é — deve ser — "escola-piloto" de todas essas virtudes sociais humanas (sentido de colaboração, de solidariedade, do trabalho em equipe etc.) com motivação, certamente, sobrenatural: por Cristo, por amor de caridade. Se não for assim, teríamos de nos perguntar que tipo de formação é aquela que estamos transmitindo[8].

4. As celebrações festivas

Laín Entralgo reparava no fato de que a sociedade européia estava sofrendo de uma *aneórtasis* ou déficit na celebração das festas. Os homens das cidades do Ocidente, dizia ele, são escravos da *religião do trabalho* e, forçados por ela, substituíram em suas vidas o ócio clássico dos gregos pela simples diversão. E se perguntava se uma vida sem festas não seria tão inautêntica como uma vida sem a experiência da dor, do sofrimento, da angústia.[9] Dizia isso quase meio século atrás. Eu creio que continua tendo atualidade essa apreciação, mesmo quando as condições sociais mudaram notavelmente.

Encontramo-nos, com efeito, numa sociedade — a ocidental européia, sobretudo — com fortes contrastes (ativismo febril daqueles que têm um lugar de trabalho, por exemplo, e a cessão forçada do trabalho daqueles que não o têm). Uma sociedade bombardeada pelo ruído das máquinas, da música ensurdecedora, do tráfego;

---

[7] Cf. J. Mª García Prada, "Rasgos del hombre posmoderno", em Id. (coord.), *Valores marginados en nuestra sociedad*, Salamanca, Ed. San Esteban, 1991, p. 34-35.
[8] Cf. A. García Verdugo, "Enmarcación de nuestros noviciados como clima social y relacional, y tipo de formación que estamos transmitiendo", em *Confer*, 90 (1985), p. 255ss.
[9] Cf. P. Laín Entralgo, *Ocio y trabajo*, Madrid, Ed. Revista de Occidente, 1960, p. 14.

uma sociedade, sobretudo em sua população mais jovem, alucinada nas noites de fins de semana pelas luzes de neon e estimulada pela sede de algumas diversões as quais, talvez, falte esse espírito de festa... Hoje em dia, talvez, em nossa sociedade as festas — as diversões — não nos faltam. Falta, porém, aquele espírito de festa ou o aludido ócio dos gregos.

Em nossos claustros, em nossos espaços conventuais, em nossas casas religiosas e de formação, também deve ter seu lugar oportuno esse espírito de festa da vida religiosa, para ser autenticamente humana e cristã deve propiciar não somente experiências angustiantes — no sentido ascético — mas também experiências de festa, momentos de alegrias compartilhadas que animem a vida comunitária. Uma vida religiosa sem festas não é uma vida autenticamente humana, nem é religiosa, nem é vida.

As festas têm uma particular força aglutinadora para a vida da comunidade. As celebrações festivas rompem a monotonia do calendário, trazendo esse colorido e essa energia faiscante que contribui para alegrar a convivência. Embora essas celebrações possam ter também sua expressão cultual, nem sempre correspondem a festas ou solenidades litúrgicas. Pode-se tratar de outras datas, como por exemplo, os aniversários dos membros da comunidade, que convém festejar com alegria e simplicidade.

As festas que se celebram no noviciado trarão à comunidade toda um ar mais oxigenado, dar-lhe-ão uma pincelada de jovialidade, porque a alegria compartilhada devolve, como seiva vitalizadora, o verdor às velhas árvores. O fundador da comunidade da *El Arca* descreve da seguinte maneira sua concepção da festa como momento especial da vida comunitária:

> "A festa expressa e torna presente de maneira tangível a finalidade da comunidade. É um elemento essencial da vida comunitária. Na festa, as irritações nascidas do cotidiano desaparecem e são esquecidas as pequenas querelas. O aspecto extático (o êxtase é "sair de si mesmo") da festa une os corações e deixa passar uma corrente de vida. É um momento de assombro onde a alegria do corpo e dos sentidos está ligada com a alegria do espírito. É o momento mais humano e também o mais divino da vida comunitária. A liturgia da festa harmoniza a música, a dança e os cantos, com a luz dos frutos e

das flores da terra: é um momento em que nos comunicamos com Deus e entre nós pela oração, pela ação de graças, e também pela boa comida. A comida da festa é importante.[10]

Convém celebrar as festas, pois, pondo em funcionamento os diversos registros festivos e fazendo uso das expressões pertinentes a cada uma das linguagens: a cultual, a da música e da dança, a da luz e do calor, a da mesa e da veste etc.

Há festas que possuem uma especial carga emotiva que não se deve desperdiçar. Por exemplo, o Natal. Não é que se celebra somente um mistério cristológico de primeira ordem; é que, além disso, a celebração do Natal tem conotações emotivas — familiares e pessoais — que não podem ser deixadas de lado. E não se trata de simples nostalgias das quais é preciso ir-se curando na vida religiosa. A nova família, que é a comunidade, tem uma ótima ocasião para celebrar com essas festas o nascimento dessa nova vinculação familiar não surgida da carne nem do sangue. Natal, ocasião propícia para celebrar o nascimento da fraternidade religiosa de maneira alegre e simples, sem esquecer o típico ambiente de natal que humaniza nossos severos claustros.

Mas há outras festas que também é necessário celebrar — com alegria, sempre, e com moderação —, particularmente as de aniversário ou dia do onomástico (santo) de cada um da comunidade. Por isso, embora não se deva exceder, soltando balão e fogos, mas cuidar que essas festas não passem despercebidas pelo restante da comunidade: ter a delicadeza fraterna de rezar especialmente pelo irmão, felicitá-lo cordialmente, obsequiá-lo com um presente, fazer em seu lugar um determinado serviço etc. São pequenas atenções que sempre se agradecem.

As festas institucionais (fundador/a, data da fundação etc.) têm de ser celebradas festivamente. É a família que se reúne em torno do altar, que se senta à mesa, que brinda, que recorda, que transmite às novas gerações as tradições, que contagia sua alegria de pertencer ao instituto. É uma festa de família!

---

[10] J. VANIER, *Comunidad: lugar de perdón y fiesta*, Madrid (3), Narcea, 1981, p. 208.

5. A amizade e a comunicação entre os noviços

O fomento da vida fraterna não se reduz ao âmbito da vida estritamente comunitária. Há outros âmbitos não comunitários que reclamam uma devida atenção para o crescimento das pessoas que pertencem à comunidade religiosa e, numa palavra, para a melhoria da comunidade em seu conjunto. A comunicação interpessoal, em concreto, é um desses âmbitos privilegiados que é necessário fomentar, deixando de lado todo julgamento e temor infundado às "amizades particulares"[11], que noutro tempo puderam toldar o horizonte da vida fraterna. Partindo de uma mentalidade pós-conciliar mais aberta que a de antigamente, a amizade na vida religiosa vem sendo considerada como um valor digno de ser cultivado. Não indica imperfeição mas sim que revela, antes, plenitude e maturidade nas pessoas que se abrem à mesma e que a oferecem generosamente[12].

Não obstante, é verdade que a genuína amizade é uma meta que não se consegue senão trabalhosamente, exigindo um estado de alerta constante, por parte das pessoas embarcadas nessa aventura humana dos relacionamentos interpessoais. É uma condição indispensável, para evitar deslizes por um caminho fácil da gratificação, da complacência e, no fundo, do egoísmo como atitude imatura. Os noviços, através da etapa formativa que atravessam e, sobretudo, pela idade que — geralmente — costumam ter, não atingiram ainda a maturidade humana que exime de precauções. O cultivo da amizade deve estar acompanhado dessa vigilância. A verdadeira amizade cultivada entre as pessoas da comunidade religiosa deverá submeter-se continuamente ao teste das seguintes condições[13]:

---

[11] A ascética da perfeição cristã tem mostrado certa prevenção diante das amizades assim chamadas "particulares" ou complicações da amizade em sentido estrito. A isso alude também P. LAÍN ENTRALGO, embora aponte decididamente por um fomento da amizade concreta, real, de benevolência entre as pessoas. Cf. *ID. Sobre la amistad*, Madrid, Ed. Revista de Occidente, 1972, p. 63ss.
[12] Cf. S. Mª ALONSO, *La utopía de la vida religiosa. Reflexiones desde la fe*. Madrid PCI, 1982, p. 255; cf. T. VIÑAS, "Amistad" em *DTVC*, p. 33-34.
[13] As três primeiras condições vêm assinaladas por A. MANENTI, *Vivir en comunidad. Aspectos psicológicos*, Santander (2), Sal Terrae, 1983 p. 61.

1. Que favoreça não somente a comunhão entre as pessoas mas que estimule também, através da amizade, uma maior comunhão com Deus.
2. Que suponha a renúncia a toda gratificação de necessidades inconsistentes (que vão contra o conhecimento e o amor de Deus).
3. Que implique a análise ou o discernimento dos meios empregados para travar essa amizade, isto é, que se examine se conduzem, com efeito, à consecução do fim assinalado na primeira condição, ou se afastam dela.
4. Finalmente, que não impeça a comunhão com as outras pessoas da comunidade. A amizade deve trazer o selo da abertura.

Tendo em conta essas condições, é indubitável que temos de procurar pelo fomento de um tipo de relacionamentos positivos que dêem, como broto natural, o fruto da amizade. Oxalá que todos, além de irmãos, fôssemos amigos!

Instrumento relevante para o cultivo da amizade é o diálogo interpessoal, cuja utilidade temos reconhecido antes quando falamos sobre as reuniões comunitárias. Agora reafirmo o que foi dito, mas em referência, sobretudo, a sua aplicação entre as pessoas particulares e como meio apto para o desenvolvimento da verdadeira amizade. A comunicação interpessoal, ou o diálogo tête-à-tête, é um meio que se pode utilizar durante a etapa do noviciado sem nenhuma reticência. Outra coisa teríamos de dizer a respeito da conversação banal, da murmuração, da crítica sistemática, da intriga e frutica que não levam à parte alguma. A comunicação de que se trata, ao contrário, é aquela que permite e favorece o encontro entre as pessoas através da palavra e do amor[14], para enriquecimento mútuo e coragem no seguimento de Cristo.

Sempre que se trate desse tipo de diálogo entre as pessoas, damo-lhe as boas-vindas. Animemos esse tipo de comunicação interpessoal entre os jovens. Cuidemos, isto sim, que essa comunicação não signifique desprezo formativo, talvez por emprego exagerado de tempo, nem isolamento do resto da comunidade.

---

[14] Cf. LOPÉZ QUINTÁS, "Diálogo", em *DTVC*, p. 495.

VI

OS RELACIONAMENTOS COM O EXTERIOR

1. Atitude aberta e significativa

Encontramo-nos num mundo tremendamente insociável, insolidário e individualista. Isso afirma-se e denuncia-se por parte de organizações não-governamentais, e estamos convencidos de que é uma acusação justa. Ao mesmo tempo, contudo, constatamos que a solidariedade e o espírito de colaboração em todos os setores vão abrindo caminho em nosso mundo. Laín Entralgo, partindo de sua acreditada condição de pensador humanista, acentuou que nossa época, tão estigmatizada pelas execráveis guerras de extermínio e outras muitas atrocidades, distingue-se, não obstante, pela emergência de um espírito comunitário até agora inimaginável em nosso planeta. E, assim, assevera que nossa época possui *uma íntima sede universal de comunidade humana*[1].

No meio deste mundo — insolidário e, paradoxalmente, com agudo sentido comunitário humano — arma sua tenda a comunidade religiosa. E aí mesmo encontra justificação e sentido sua abertura. A atitude de abertura e de disponibilidade deverá ser o imperioso sinal de identidade de toda comunidade religiosa, com maior razão se for formativa, mediante um estilo de vida que deixe bem claro que a consagração não torna os religiosos alheios às preocupações e problemas dos homens e mulheres de nosso mundo. A manutenção de um fluido diálogo com a grande comunidade eclesial e com a humanidade é uma exigência de tipo antropológico, isto é, de sentido basicamente humano.

---

[1] P. Laín Entralgo, *Teoría y realidad del outro*, t. I, Madrid (2), Ed. Revista de Occidente, 1968, p. 393ss.

A reflexão teológica, por sua parte, acentuou vigorosamente a necessidade de caminhar para uma vida consagrada mais dialogante com a realidade de nosso mundo, mais aberta aos problemas humanos, mais disponível em repartir, desde o próprio dom recebido, iluminando com seu testemunho situações vitais do homem de hoje.

A teoria está clara. A exemplaridade *luminosa* de não poucos religiosos e religiosas é inegável. Mas, parece, ainda há um dissimulado *individualismo* em certas pessoas consagradas, que se traduz de modo suspeito de enfocar algumas realidades. Por exemplo: religiosos/as que, em nível individual, pensam e orientam sua espiritualidade partindo de uma única ótica, a de sua perfeição individual; outros que, em nível comunitário, estão preocupados sobretudo por seus planejamentos e estratégias, muitas vezes à margem de um projeto global de Igreja, e outros que, em nível mais interno, fomentam a busca de alguns interesses "produtivos" (inclusive em termos de eficácia apostólica). Tudo isso é um individualismo que contradiz o sentido de comunhão próprio do ser humano, do ser cristão e da própria consagração religiosa.

O individualismo, em qualquer de suas formas — também o individualismo religioso —, é a grande tentação de nosso tempo. É a negação de uma lei bíblica fundamental: a lei da *mediação*. É a pretensão de se pôr em contato imediato com Deus (sem passar por nenhuma mediação humana), levantando "torres que cheguem até o céu". A imagem "das torres", tirada da Bíblia (Gn 11,4), é utilizada por A. Cencini[2], que lança um desafio, como alternativa própria de uma vida consagrada, promotora do sentido de comunhão: trocar as "torres de Babel" (símbolo do individualismo e do fechamento em si mesmo de certa vida religiosa hoje em dia) pela "escada de Jacó". Isto é, propõe denunciar o individualismo reinante em nosso mundo, praticando antes um diálogo aberto, oferecendo aos homens e mulheres de nosso tempo uma espécie de "escada de Jacó" (Gn 26,11). Captemos seu simbolismo: os anjos que sobem e descem pela escada são uma magnífica imagem da natureza profundamente mediadora da vida consagrada, ponte entre Deus e o homem[3]. Isso deve ser, numa palavra, a vida comunitária dos religiosos.

---

[2] Cf. A. CENCINI, *Vida en comunidad: reto y maravilla*. *La vida fraterna y la nueva evangelización*, Madrid, Atenas, 1997, p. 31ss.

[3] Cf. ID., *o.c.*, p. 47ss.

Nossas comunidades teriam de se converter numa verdadeira escada de Jacó. A comunidade religiosa teria de ser uma constante denúncia profética do individualismo reinante. A comunidade teria de oferecer significativamente nova luz ao mundo, mostrando os valores mais genuínos do evangelho. Deveria dar razão da opção consagrada. Para isso, naturalmente, não pode estar fechada à cal e cimento. Deve abrir-se para denunciar e combater o individualismo da sociedade mostrando o valor da *comunhão fraterna* e de outros valores evangélicos que a vida em comum comporta.

Nem sequer no caso das comunidades de clausura mais estrita se deveria admitir uma separação tal do mundo que as relações com o exterior não existissem em absoluto[4]. Sempre poderá existir algum tipo de relacionamento — e convém que assim seja — porque nem os muros nem as rédeas, nem obstáculo material algum podem impedir que as pessoas sejam elas mesmas: livres interiormente e muito capazes de entrar em comunhão com o mundo e com a Igreja, aos quais pertencem. Isso sem menosprezo do espírito genuinamente contemplativo desses institutos.

A comunidade formativa, isto é, as pessoas que a compõem, também deve manter uma atitude *aberta* e *significativa*. Não pode se fechar sobre si mesma. É fundamental que a comunidade de noviços guarde o equilíbrio entre estes dois pólos necessários: a identidade interior e a pertença à grande família humana, eclesial, religiosa. O primeiro, para não perder os próprios sinais, as credenciais; o segundo, para relacionar-se adequadamente com o exterior, ao qual nunca são de todo alheios os noviços; e não só *para oferecer*, testemunhar, contribuir..., partindo do dom vocacional recebido de Deus, mas também *para receber* de fora outra riqueza — pobres também nisto —, assumindo e absorvendo a contribuição generosa das comunidades e das realidades externas.

Uma atitude *aberta* permite aos formandos, permite aos noviços, situar-se no contexto congregacional, eclesial e social que lhes corresponde. De outra sorte, mutila-se a formação, já que não se

---

[4] A comunidade religiosa "é excêntrica, missionária; não existe para se afirmar a si mesma, mas para se perder ao serviço do Reino. Tanto a comunidade contemplativa como a comunidade apostólica devem viver esta dinâmica missionária: se a referência ao mundo não tem sentido", J. C. R. García Paredes, "La comunidad del Reino (Raíces de la comunidad religiosa)", Supl. de *Vida Nueva*, *CON ÉL*, n. 10, p. 27.

pode formar em abstrato mas partindo do contexto da própria família religiosa, da Igreja e da sociedade[5].

É evidente que as formas de relacionamento com o exterior poderão variar enormemente de um instituto religioso de vida ativa a outro de vida contemplativa, de uma comunidade professa imersa nas atividades apostólicas a uma comunidade-noviciado. Mas o critério do equilíbrio é válido em qualquer circunstância. A comunidade do noviciado, em concreto, cuidará que seus relacionamentos com o exterior, longe de constituir uma ameaça para a consolidação da própria identidade interior, antes a reforcem. E seu sentido de pertença (à própria família congregacional, mas também à Igreja e à sociedade) inspirará a essa comunidade formativa a seleção daqueles saudáveis contatos que lhe tornem verdadeiramente enriquecedores.

Vamos ver, em seguida, algumas formas possíveis de abertura da comunidade do noviciado para com o mundo exterior: as relações dos noviços com sua própria família e com o ambiente de sua procedência, com outras pessoas ou outros grupos eclesiais e com a sociedade em geral, através de eventuais contatos diretos e por meios de comunicação social.

2. Os contatos com a família e com o ambiente de sua procedência

Quando um jovem entra na casa do noviciado sabe que deixou para trás coisas importantes. Faz isso porque Jesus Cristo representa para ele a primazia absoluta. A "causa de Cristo" justifica o sacrifício de tudo: bens materiais, relacionamentos familiares, inclusive a própria vida...

Pois bem, a radicalidade da opção tomada e as exigências que isso comporta não estão em desacordo em absoluto com uma atitude aberta para com os relacionamentos familiares e para com outros relacionamentos que não caem, por si mesmo, "sob suspeita"; em-

---

[5] Cf. J. PUJOL I BARDOLET, "La comunidad formativa abierta a la comunidad congregacional, eclesial y social", em *Vida Religiosa*, 48 (1980), p. 216.

bora, é verdade, o aprendiz de religioso, pelo novo estilo de vida adotado no seguimento de Jesus, terá de relativizar esses relacionamentos colocando-os num lugar subordinado.

Descendo para o terreno prático, é importante esclarecer bem as coisas desde o início da entrada no noviciado. Os familiares que acompanham o candidato no momento de ingressar na casa religiosa perguntam quase sempre, com interesse e curiosidade indissimulados, detalhes relativos à freqüência das visitas, comunicações telefônicas e epistolares etc. É natural. É preciso dar-lhes alguma resposta, ou pelo menos alguns critérios, a esse respeito.

Interessa, porém, mais ainda, que seja o próprio noviço quem vá mentalizando-se progressivamente e compreendendo o sentido que tem conseguir uma sã independência da própria família, marcando ele mesmo a distância dos encontros, a periodicidade dos contatos[6].

Costuma acontecer que os familiares mais chegados, sobretudo os pais, manifestam no princípio certa inquietude, desejando manter uma comunicação mais freqüente com o filho/a, interessando-se por seu estado de ânimo, saúde etc.; e, às vezes, também solicitam intercâmbio informativo com o responsável ou mestre. Por isso parece-me acertado que se convide cada família, principalmente os pais, a virem ao noviciado, depois de haver transcorrido algumas semanas, se é que não o fazem eles por conta própria. Para isso pode-se aproveitar também a celebração de alguma festa, um aniversário, ou um fim de semana. Nessa visita há ocasião de ver os noviços *em sua naturalidade*, com a espontaneidade juvenil que os caracteriza, sendo este o argumento mais convincente para tranqüilizá-los e, talvez, ocasião propícia para sugerir-lhes, pessoalmente para o restante da etapa do noviciado, certa moderação que torne possível a experiência na qual seu filho embarcou.

---

[6] Hoje em dia os contatos a distância com a própria família podem realizar-se através de diversos canais (telefone, carta, fax, correio eletrônico etc.) embora ainda continuem tendo a primazia o telefone e os relacionamentos epistolares. A propósito desses relacionamentos epistolares, faz poucos anos se escrevia o seguinte: "Tampouco poderá o noviço escusar alguns relacionamentos que lhe imponham determinadas ocasiões: a piedade, a gratidão ou a urbanidade. Deve, contudo, procurar que sejam poucas, somente as imprescindíveis; pois, quando são freqüentes, costumam tornar um motivo de distração e um estorvo para a virtude", R. RIBERA, *El novicio instruido*, Madrid, Ed. e Livraria del Corazón de Maria, 1931, p. 400.

E em andamento avançado o curso, poderão ser organizados outros encontros interessantes. Por exemplo, poderia ter-se a celebração do "Dia das famílias": vêm as famílias dos noviços, oportunamente convocadas, e se faz uma celebração religiosa (talvez a Eucaristia), que se capricha nos detalhes litúrgicos com a participação de todos os assistentes e a intervenção de alguns deles; os jovens organizam depois algum encontro no salão de atos para informar os assistentes sobre a vida do noviciado e de outros detalhes sobre a instituição congregacional (dados sobre o fundador/a, missões etc.), participam da refeição e depois haverá uma sobremesa festiva.

As famílias aproveitam a oportunidade para travar conhecimento e amizade entre elas. Ao final do dia voltam para seu lar com a convicção de que seus filhos não ingressaram num obscuro túnel ao optar pela vida religiosa e, sobretudo, ficam persuadidos que longe de sofrer menosprezo, o afeto familiar reforçou-se por um novo título.

Pois bem, os jovens não somente provêm de uma família mas que procedem também, como de um segundo lar, social e afetivo, de outros ambientes: o grupo de amigos, o ambiente estudantil ou de trabalho, o grupo de compromisso social e/ou religioso, as pessoas influentes com as quais entraram em contato (por interesse, por amizade, de possível noivado), os agentes de pastoral, o promotor vocacional, os primeiros educadores e professores etc. Toda essa ampla rede de relacionamentos anteriores permanece também estendida como possível objeto de intercâmbio, como realidade externa que pode exercer uma função formativa sobre os noviços.

O que foi dito sobre os relacionamentos familiares vale, analogamente, para esses outros relacionamentos. Antes de tudo, requer-se discernimento. Noviços e formadores deverão peneirar esses contatos para separar convenientemente o trigo da palha, os que são positivos daqueles que podem causar danos desnecessários ou simples perda de tempo. Os primeiros podem ser mantidos. Esses outros é preciso suprimi-los, com elegância, mas sem demora.

3. A abertura a outras pessoas ou a outros grupos eclesiais

Nada se deve temer de entrar em comunicação, de quando em quando, com pessoas pertencentes a outros institutos ou com membros de algum movimento de espiritualidade. Suas diferentes *acentuações carismáticas* estão contribuindo na Igreja pela riqueza pluralista das distintas opções de vida inspiradas no único evangelho[7]. Nada se deve temer em se relacionar com outros grupos de noviços ou noviças e a travar contato com pessoas comprometidas na vida eclesial (sacerdotes, religiosos/as, seculares etc.), sempre que o sentido da própria identidade interior esteja bem orientado. A abertura para a variada realidade eclesial e da vida religiosa nunca vai em detrimento da identidade vocacional mas que ajuda a consolidá-la, ou contribui para esclarecê-la no contraste com as outras vocações[8].

Os contatos podem ser diversos. Além do relacionamento exterior que supõe a realização de determinadas experiências — como o apostolado, o atendimento hospitalar etc. —, está a possível participação em alguns encontros de noviços pertencentes a outros institutos, em cursos de formação, semanas de teologia de vida religiosa, retiros, exercícios, convivências etc.

Os grupos de noviços demais reduzidos, ao participar nesses encontros, têm a oportunidade de compensar as limitações impostas por essa situação de escassez numérica. O intercâmbio entre noviços num numeroso contingente de jovens, fascinados e comprometidos com uma mesma opção de vida consagrada, com a variedade multicolor dos institutos ali representados, supõe uma injeção de moral: comprovam que sua resposta generosa à vocação não é uma pura miragem, de cuja realidade se poderia duvidar. Os jovens estão ali, são muitos, e todos perseguem o mesmo: corresponder

---

[7] "O carisma é como a sílaba acentuada numa palavra. Essa sílaba não destrói a palavra completa, mas que a tonifica. As restantes sílabas também existem, e não só têm sua função, mas que também resultam indispensáveis para que exista a palavra. Quando o acento desaparece numa palavra, é sinal de que não expressamos bem nem nos fizemos entender." A. GUERRA, "Movimientos actuales de espiritualidad", em S. DE FIORES e T. GOFFI (dirs.), *Nuevo Diccionario de Espiritualidad (NDE)*, Madrid, Paulinas, 1983, p. 972.

[8] "Não tem sentido, pois, apresentar uma formação que considere que os relacionamentos com outros membros das Igrejas particulares constituem um perigo [...] Há algum relacionamento tão são que esteja isento de perigos e de tensões? Os problemas não se resolvem eliminando-os, mas enfrentando-os, G. FERNÁNDEZ SANZ, "Formarse para vivir en las Iglesias particulares", em *Vida Religiosa*, 86 (1999), p. 226.

ao chamado de Cristo servindo à humanidade de múltiplas maneiras, isso sim, segundo o dom da graça recebido de maneira individual.

"[...] O intercâmbio fraterno ajuda a fazer que amadureça um apreço mais vivo da própria originalidade fundacional, a descobrir o valor de cada fundador no conjunto da missão da Igreja, a promover a colaboração e uma mentalidade de comunhão"[9].

4. A abertura à realidade sóciocultural. Os "mass-media"

Para começar, o noviciado não deve ser uma torre de castelo que se ergue verticalmente distante da realidade que o rodeia, e que se protege em excesso com intransponíveis fossos. Isso é hoje em dia totalmente impensável. Não é, numa palavra, a mentalidade da *fuga mundi* (fuga do mundo) aquela que inspira a vida religiosa de nosso tempo. O noviciado tampouco deve separar-se demasiado da vida, constituindo um *habitat* superprotegido e anti-natural. Requer, certamente, algumas condições de estabilidade, sossego, solidão..., mas não por razões de *fuga* mas para assegurar algumas mínimas condições formativas que permitam realizar essa experiência.

O contato com a realidade sóciocultural não deve se perder. Ou não se deve perder de todo. Outro assunto é como esse contato pode realizar-se no noviciado. O projeto ou plano formativo considerará que saídas e momentos são os oportunos para manter esse contato com a realidade (visitas culturais, saídas de lazer, participação em movimentos de solidariedade humana pela paz, pela justiça etc.).

Em todo caso, julgo desnecessário que os noviços ou as noviças se envolvam em compromissos habituais externos — com exceção dos já assinalados em relação ao apostolado — porque podem absorver boa parte de suas energias e interesses que, nessa etapa, devem estar plenamente voltados para sua formação. Ao contrário, mais interessa que se eduquem no sentido de abertura e sintonia

---

[9] Congregação para os Institutos de Vida Consagrada e Sociedades de Vida Apostólica, *A colaboração entre institutos para a formação*, Roma, 1998, p. 16, d); cf. João Paulo II, Exortação pós-sinodal *Vita consecrata*, Roma, 25 de março de 1996; *AAS* 88 (1996), p.377-486. Cf. n. 46-52.

com os problemas da humanidade mediante o cultivo de uma sensibilidade desperta a quanto acontece de importante no mundo, uma sensibilidade não indiferente aos avanços humanos, gozos e sofrimentos; que inclina a pôr na oração essas intenções e que inspira ações a seu tempo concretas e compatíveis com a normal caminhada da formação (por exemplo, colaboração com a *Anistia Internacional*, apoiando ações solidárias, enviando cartas ou manifestos a diversas instâncias governamentais em favor de causas justas etc.).

O contato com a realidade se produz também, hoje em dia, através dos meios de comunicação, entre os quais a televisão que leva a voz sonora até ao ponto extremo de estar propiciando a transformação do *homo sapiens*, produto de cultura escrita, num *homo videns* para quem a palavra fica destronada pela imagem[10]. A ameaça está aí. Nossos jovens vêm dessa sociedade na qual há sobredose de impactos audiovisuais e inclusive o "teledirigismo", é um perigo permanente... Pergunto: Chegam para a vida religiosa já um tanto enfastiados e aturdidos com esses bombardeios acústicos e de imagens? Ou desenvolveram em si mesmos uma adição de difícil prognóstico?

De qualquer modo, o uso adequado dos meios de comunicação de massa (jornais, revistas, rádio, cinema, música, vídeo, televisão, internet etc.), num mundo marcado pela tecnologia e eletrônica aplicados na comunicação, deverá servir também como instrumento eficaz para conseguir esse contato com a realidade de nosso mundo. Não se afasta de nós o risco que encerra o uso indiscriminado desses meios. Mas prescindir, sem mais nem menos deles, seria como voltar à torre do castelo da qual falava antes. Requer-se uma formação de base nos mass-media, uma educação no sentido crítico[11] e no emprego da "suspeita como método"[12] para se interrogar sistemati-

---

[10] Cf. G. SARTORI, *Homo videns. La sociedad teledirigida*, Madrid, Taurus, 1998, p. 11.

[11] Não é questão de desligar a televisão, por exemplo, mas de educar no uso seletivo e crítico da mesma. Cf. J. SANZ RUBIALES: *Medios de comunicación. Aprender a ser críticos*, Madrid, Ed. Palabra, 1995, p. 93ss.

[12] "A sociedade contemporânea, a única que existe, tornou-se perita em camuflagens. Tem muito para oferecer, mas nem todo o ofertado é apresentável. Há muitas idéias em dança, mas nem todas com a suficiente consistência [...] Podemos andar na vida como pardais contanto que as coisas fossem sempre como parecem ser? Permito-me responder que em absoluto. E então aparece, com naturalidade, sem espantos, *a suspeita como método* para desvendar a camuflagem e descobrir o que de verdade há quanto nos rodeia", N. ALCOVER, *Invitación a la sospecha. Carta a los jóvenes*, Madrid, PPC, 1998, p. 25; cf. ID. "Invitación a la sospecha. Reflexiones antropológicas y mediáticas", em *Misión Joven*, 262 (1998), p.5-7.13.

camente pela autêntica realidade de tudo quanto a sociedade nos oferece, particularmente através da informação mediática. Julián Marías avisava sobre o perigo que ronda aqueles que se abandonam ingenuamente nos braços dos meios tecnológicos e eletrônicos, em geral, sem um sentido crítico, mas com atitude passiva:

> "É necessário que os que usam a tecnologia eletrônica não creiam que os aparelhos pensam por eles; é essencial que vejam que a técnica eletrônica dá somente instrumentos para eu pensar, único que o pode fazer, único que o pode saber. Aquele que se comporta passivamente diante do computador [...], a única coisa que faz é admitir sua condição intelectual, renunciar a tudo o que mereça chamar-se saber ou ciência"[13].

O emprego durante os anos da formação desses meios, em especial dos habituais de comunicação social, requer certa agudeza mental. Faz falta um cultivado sentido crítico em seu uso e, oportunamente, uma disciplina para saber abster-se; se preciso também um critério equilibrado para saber selecionar meios, canais, programas, conteúdos, leituras etc., que se movam na onda dos autênticos valores humanos e cristãos.

Como agir, então? Porque não se trata, evidentemente, de praticar uma irracional iconoclastia. Sirva somente como amostra a práxis seguida num noviciado, em relação aos meios de comunicação: como critério pedagógico, procurava-se que os noviços, vindos maioritariamente dessa sociedade habituada ao ruído e à superposição vertiginosa de imagens, se acostumassem durante três ou quatro meses a prescindir totalmente de alguns desses estímulos (rádio, televisão etc.). Posteriormente, podiam fazer uso moderado desses meios.

Com essa práxis pretendia-se alcançar o duplo objetivo de que os noviços conseguissem o apreço pelo silêncio interior e exterior, livrando-se dos estímulos e dependências de fora, e que voltassem depois a fazer uso daqueles meios, como instrumentos preciosos que são, com medida e com sentido crítico, para sintonizar com o palpitar da sociedade e em benefício de sua própria formação.

---

[13] J. Marías, *Cara y cruz de la electrónica*, Madrid, Espasa-Calpe, 1985, p. 99.

VII

OS DINAMISMOS ESPIRITUAIS

Tradicionalmente fala-se da "vida de piedade". Com essa expressão pretende-se aludir aos diversos exercícios piedosos ou práticas de oração e de devoção que caracterizam as pessoas supostamente espirituais. A via espiritual não se mede pelas rezas e exercícios piedosos, sejam eles comunitários ou pessoais, mas tem neles uma expressão privilegiada. São os meios normais do crescimento ou progresso na vida do Espírito.

1. A vida sacramental e os exercícios de piedade ordinários

Os diversos exercícios de piedade postos em prática durante a etapa do noviciado estimulam o processo da formação e canalizam a generosidade dos noviços para a consecução dos objetivos dessa etapa, principalmente da fundamentação numa acendrada espiritualidade ou vida de comunhão com Deus. Este condiciona poderosamente, sem dúvida alguma, a consecução dos demais objetivos, atuando como aglutinador essencial.

É óbvio que, entre os exercícios de piedade que temos herdado da tradição eclesial e congregacional, alguns têm preeminência sobre outros. Aqui mencionarei os fundamentais.

1.1. *Dinamismos sacramentais*

Falando de preeminência: os sacramentos tem-na absolutamente. Duas palavras acerca da *Eucaristia* e da *Reconciliação*.

a) Lugar relevante em toda a vida religiosa, e em especial no noviciado, deve ter a *celebração eucarística* diariamente, que é "fonte e ápice de toda a vida cristã"[1].

---
[1] Cf. Vaticano II, *Lumen Gentium*, 11.

A celebração ou participação na Eucaristia requer uma preparação cuidadosa, tanto em nível doutrinal como em nível litúrgico e vivencial. A preparação teológica se fará, logicamente, através de aulas ou de leituras apropriadas que ilustrem convenientemente aos noviços sobre esse sacramento em suas principais fontes (palavra, sacrifício, sacramento-comunhão, presença etc.), de sorte que cheguem a se aprofundar em seu sentido teológico mais profundo e, sobretudo, de maneira que, assim instruídos, possam alcançar uma vivência intensa que informe sua vida inteira. A formação litúrgica completará essa preparação teológica básica, evitando cair na tentação ritualista, que consiste na sobrestima das formas externas com pouco caso da vivência interior.

É preciso, também, fomentar — sempre em relação com a celebração eucarística — o apreço para com o *sacramento permanente da presença de Cristo*[2]. Se os noviços devem cultivar o sentido da presença de Deus em toda a sua vida e se devem aprender a rezar de tantas maneiras e em tantos lugares, com quanta maior razão devem se habituar a fazê-lo diante da presença do Senhor sacramentado. Por outra parte, não são poucos os institutos religiosos que têm como nota característica própria essa dimensão cristológica e eucarística, em cujo caso há uma razão a mais pata o cultivo dessa devoção[3]. Sem incorrer em exageros beatos, é certo que é preciso aprender a valorizar a presença permanente de Jesus sacramentado e descobrir a força que se irradia do sacrário[4].

As formas celebrativas com respeito ao sacramento da Eucaristia se acomodarão ao espírito da liturgia e às normas existentes, com a flexibilidade aconselhável na adoção dos recursos que o ritual prevê e de outros, que podem ser incorporados criativamente para favorecer e estimular a participação ativa de todos na celebração. Assim, a celebração eucarística será mais viva, mais sentida e poderá informar melhor o normal desenvolvimento das atividades cotidianas.

---

[2] "Para um católico contará sempre com sua estima a visita ao Santíssimo Sacramento. [...] A visita ao Santíssimo Sacramento é uma continuação contemplativa da celebração eucarística e nos prepara para a seguinte", B. HÄRING, "Oração", em *NDE*, p. 1023.

[3] A revista *Vida Religiosa* mostrava a riqueza eucarística contida na experiência dos fundadores e nos textos das constituições de 145 institutos religiosos, masculinos e femininos, em um de cada dois artigos de J. C. R. GARCÍA PAREDES, "Contemplando la Eucaristía con nuestros fundadores", em *Vida religiosa*, 62 (1987), p. 41-61, e Á. APARICIO, "La Eucaristia en nuestros textos constitucionales", *ibid.*, p. 61-71.

[4] Cf. E. RUFFINI, "Ejercicios de piedad", em *NDE*, p. 413-414.

Mas nem tudo consiste em ser criativos; ou em ser isso unicamente; ou pior, em ser isso obsessivamente. A Eucaristia tem seu próprio valor objetivo no mistério pascal que se celebra, o qual não deixa de ser sempre misterioso, isto é, de certo modo inalcançável, porque ultrapassa nossa capacidade de compreensão e de acolhida humana. A criatividade, nesse sentido, é ajuda que não soluciona simplesmente. A proliferação de missas celebradas com acentuado acento criativo poderiam converter-se, pois, numa desculpa para evitar adentrar-se seriamente na celebração do mistério eucarístico. Por isso, parece-me louvável habituar os formandos também com algumas celebrações normais, ajustadas às normas litúrgicas, respeitando principalmente os momentos de silêncio previstos pelo ritual e facilitando em algumas ocasiões, se for conveniente, a compreensão da celebração com breves comentários oportunamente intercalados.

b) Outro dinamismo sacramental importante é o *sacramento da Penitência ou da Reconciliação*, em conexão com os sacramentos do Batismo e da Eucaristia. Apesar de o generalizado abandono ou descuido da prática da confissão sacramental em que se tem incorrido, inclusive na própria vida religiosa, temos de insistir na conveniência de sua celebração, como vem reafirmando a autoridade eclesial[5]. É um dinamismo de primeira ordem para imprimir o progresso na vida espiritual, que ratifica a atitude de conversão e que tornada prática periódica, alegre e comprometida, é sinal de maturidade pessoal e manifesta a maioridade que toda pessoa batizada está chamada a alcançar em seu normal desenvolvimento cristão[6].

Nem é preciso dizer que há necessidade de recomendar vivamente aos noviços a aproximação assídua a esse sacramento, precedido da conveniente preparação pessoal. Essa preparação é muito importante, de maneira que se deve persuadir não se poder deixar à improvisação de cada oportunidade a eficácia do sacramento, nem esperar que seja a arte do bom confessor extraordinário ou do confessor ordinário, aquele que consiga sua profícua realização.

---

[5] Cf. *CDC* 664.

[6] Manifesta o grau em que uma pessoa foi evangelizada e é, por sua vez, capaz de evangelizar, isto é, expressa o grau de maturidade eclesial que uma pessoa alcançou, cf. J. Esquerda Bifet, *Caminar en el amor. Dinamismo de la vida espiritual*, Madrid, Atenas, 1989, p. 162-163.

Algumas outras celebrações penitenciais comunitárias, realizadas com certa periodicidade, ajudarão para que se entenda e se viva melhor a dimensão eclesial do sacramento. Poderão converter-se em ocasião propícia para se administrar uma catequese sobre a celebração desse sacramento, com os próprios pormenores pedagógicos, que sirvam de instrução e ajudem realmente a realizar com proveito outras celebrações individuais.

1.2. A vida de oração e suas formas

Interessa e muito que os noviços alcancem aquele nível de fundamentação espiritual que lhes permita integrar perfeitamente o espírito de união com Deus e as demais ações de cada dia. Pois bem, essa simbiose vital de realidades aparentemente tão díspares não se consegue senão pelo cultivo do espírito de oração, que se nutre com o alimento de piedosas práticas intercaladas ao longo do dia e se mantém no meio das demais atividades ordinárias (estudo, apostolado, trabalho etc.).

No noviciado são três os tipos de oração que costumam se ter habitualmente: a *liturgia* ou oração realizada em nome da Igreja — particularmente a *Liturgia das Horas*, além da *celebração eucarística* —; as *orações comunitárias* e exercícios de piedade próprios do instituto — ou assumidos em sua práxis consuetudinária —, e aquelas outras formas de *oração particular* que cada um faz, por iniciativa pessoal ou por prescrição ou recomendação das constituições, diretórios, livros de orações etc.

a) A *oração litúrgica* deve ocupar no noviciado um lugar de honra, e não somente naqueles institutos de vida monástica, nos quais as celebrações litúrgicas têm a primazia, mas também nos de vida ativa e apostólica. Os noviços devem aprender a saborear a riqueza que encerra a oração oficial da Igreja e suas celebrações, sobretudo a da *Eucaristia* e da *Liturgia das Horas*. A liturgia é nada menos que, a parte mais "excelsa para a qual se dirige toda Igreja e as fontes de onde dimana toda sua força"[7]. Por isso, os noviços deverão procurar

---
[7] *PI* 77.

entender e viver cada celebração em toda sua riqueza, como momento expressivo, simbólico, ritual e sacramental, isto é, como ato que evoca e torna presente, mediante palavras e gestos, a salvação realizada por Deus em Jesus Cristo com o poder do Espírito Santo. Daí a necessidade de que se preparem com seriedade para celebrar digna e frutuosamente o culto de Deus na sagrada liturgia[8], tendo em conta as três dimensões que a celebração abrange:

— a dimensão *mistérica*, isto é, a celebração como meio de presença e da intervenção salvadora de Deus na existência dos homens;

— a dimensão *ritual*, ou a celebração como posta em cena de um ritual sacramental.

— e a dimensão *existencial*, ou a celebração como fonte e motivo para o compromisso de vida[9].

Acrescentemos um comentário a propósito dessa dimensão ritual, às vezes tão injustamente maltratada: além da preparação teológica, litúrgica e espiritual, precisarão os noviços se preparar para realizar com dignidade requerida a *posta em cena* — permita-me a expressão — dos ritos: concretamente, deverão adquirir certa desenvoltura na utilização do "ofício divino", possuir um elementar conhecimento da música sagrada, principalmente gregoriana, assim como alguns outros cânticos, aprender os gestos rituais prescritos para cada celebração, adestrar-se no manejo do instrumental litúrgico, dominar o uso de certos símbolos e conhecer seu sentido etc. Aqui precisamos afirmar, sem meias palavras, que se precisa de uma verdadeira *mistagogia*, ou iniciação aos símbolos, uma vez que esses não garantem infalivelmente a eficácia de uma celebração; não é fácil que eles produzam automaticamente o encontro com o mistério em profundidade. O emprego dos símbolos deve ser precedido de uma iniciação que não consistirá, é claro, na simples transmissão de conhecimentos sobre sua origem, suas ressonâncias bíblicas e

---
[8] Cf. *PI* 46.
[9] Cf. J. LÓPEZ MARTÍN, *En el Espíritu y la verdad. Introducción teológica a la Liturgia*, Salamanca (2), Secretariado Tributário, 1993, p. 214.

históricas etc., mas que deve ser uma ajuda para *entrar* na sua dinâmica[10].

O cuidado no emprego dos gestos e dos símbolos, na celebração litúrgica, responde também a uma pedagogia que valoriza a *estética*, que forma para a beleza fomentada e expressada em tantos campos, incluído o litúrgico. Apresento aqui uma queixa, colhida entre pessoas sensíveis do mundo da arte e da cultura: que não se aprecia suficientemente o sentido da beleza na liturgia atual: busca-se a participação da comunidade, a eficácia de algumas estruturas, a autenticidade da fé e da oração.., mas se constata lamentavelmente um descuido do valor estético, tanto da música e do canto como do conjunto visual de nossos ritos e ambientes celebrativos[11].

Os detalhes são importantes. Estando conscientes de que esses detalhes de ordem estética e simbólica revestem-se sempre duma importância relativa, embora não trivial, devem ser estimados como elementos que dignificam o louvor divino e dispõem-se melhor para o mesmo. O esmero com que se cuidam desses detalhes bem pode estar indicando a qualidade de oração litúrgica que a comunidade faz.

A estética não é algo supérfluo e periférico a nossa vida, nem tampouco o deve ser, por conseguinte, para nossa liturgia. A questão da estética não é simplesmente para ver se há um pouco mais ou um pouco menos de arte na liturgia que celebramos, ou para ver se decoramos melhor nossas orações...; é porque a estética tem que ver com nossas fibras humanas mais sensíveis. É veículo principal do relacionamento com o universo religioso[12].

Nem tudo depende da graça e de nossa fé; a estética ajuda, também, a melhorar a qualidade de nossas celebrações. É preciso, portanto, cuidar da estética, formar para o apreço e expressão da beleza na oração litúrgica.

---

[10] Cf. J. ALDAZÁBAL, "Celebración y vivencia de la fe: Iniciación de los jóvenes en el linguaje simbólico", em *Misión Joven*, 227 (1995), p. 23-32.

[11] Cf. ID., *Gestos y símbolos*, Barcelona, Centro de Pastoral Litúrgica, 1989, p. 232ss.

[12] Diz L. MALDONADO, "Temos de pôr todos os meios para que o 'capital simbólico' herdado de nossa tradição cristã, também de nosso cristianismo inculturado, volte a falar sua linguagem própria, revificando, alcançando os estratos psíquicos, os níveis afetivos das emoções, os instintos mais inconscientes e, sobretudo, o imaginário coletivo de nossa mente", em "Quando a beleza irrompe nas celebrações litúrgicas", em *Sal Terrae*, t. 87/2 (n. 1.020) (1999), p. 130-131.

b) A oração litúrgica não esgota, certamente, a totalidade de formas de oração comunitária que existem da vida religiosa. As comunidades costumam reunir-se para *orar de forma não estritamente litúrgica* com formulários que tiram dos livros da tradição e outros oracionais. Essas orações e outras práticas piedosas são recomendadas por esses livros pertencentes ao patrimônio espiritual de cada instituto e que foram vindo sendo postas em prática proveitosamente pelas gerações passadas, de modo comunitário e particular.

Além de as orações habituais, deve-se enunciar aqui os eventuais exercícios piedosos da instituição: novenas, septenários, tríduos etc., que se celebram por ocasião das festas do fundador/a, do padroeiro/a da família religiosa, aniversários da fundação, memória ou festas litúrgicas dos santos do instituto, datas importantes etc. Será bom suscitar o interesse em torno dessas celebrações, evitando que se julgue um peso sobreposto aos normais atos de piedade, realizando-os com simplicidade mas sabendo exprimir, por sua vez, o suco espiritual — carismático — e formativo que sua celebração apresenta.

Deve-se conceder também, o apropriado espaço para outras celebrações *paralitúrgicas* nas quais se possa estender com liberdade o sentido criativo dos noviços e sua espontaneidade devota. Oportunamente se poderiam dar algumas orientações sobre esse tipo de celebrações: sua estrutura lógica, o lugar que deve ocupar nelas a palavra de Deus, seu desenvolvimento em consonância com o local sagrado onde têm lugar (um templo, ao ar livre, numa capela ou em outro local). Mas, em todo caso, seria preferível não ser demasiado exigentes nem cheios de pormenores, tratando-se de modelos de oração não propriamente litúrgicas e que são aptas, não obstante, para canalizar com fruto a sensibilidade e o sentido religioso dos jovens.

c) A *oração pessoal* ou particular, como terceira classificação de exercícios de piedade aqui mencionados, constitui um meio de verdadeira importância para o progresso na vida espiritual e é, provavelmente, o melhor índice de percepção do estado espiritual em que uma pessoa se encontra, embora não único[13]. Os atos de piedade comunitários, aos quais se assiste com exemplaridade, mas não são vividos a partir do interior da pessoa, não indicam outra coisa que camuflagem, simples acomodação a um ritmo comunitário externo. A prática constante e fiel aos atos de oração pessoal demonstrada habitualmente, ao contrário, sempre que se vivam a partir de dentro, com sinceridade e não por pressão exterior, estarão indicando um nível de personalização da oração e, portanto, serão uma garantia da fidelidade do religioso às inspirações do Espírito.

A oração pessoal, em suas variadas formas e conforme os diferentes métodos, é um piedoso exercício; mas também é uma arte difícil. Em sua iniciação é preciso ter muita paciência e empenho, tanto por parte do próprio noviço como por parte do mistagogo, o mestre. Por parte do noviço requer-se toda a boa disposição para adentrar-se neste árduo caminho da oração, para manter-se constante nele apesar das dificuldades e para deixar-se guiar. Por parte do mestre precisa-se desse trabalho mistagógico que leva em consideração a capacidade real de oração que cada pessoa possui, descobrindo-a e fomentando-a, e as qualidades de ordem natural que condicionam e regularizam diversamente o estilo peculiar de cada um: conhecimento intelectual e imaginário, afeto sensível ou da vontade, gosto pelas palavras ou pelos gestos, capacidade de concentração mental e afetiva etc.

Nem todas as pessoas "funcionam" na oração da mesma maneira, nem sequer com os mais prestigiados métodos; e é verdade que algumas modalidades concretas (oração vocal, mental ou meditativa, contemplativa etc, e o uso de diferentes métodos) podem acomodar-se melhor para algumas pessoas que para outras. O interessante é que cada qual encontre o método ou os métodos que melhor se ajustem, com os quais sua oração seja fluida, e ter a liberdade para buscar outro método quando o anterior já não sirva.

---

[13] "A oração não é, por si só, termômetro da vida de fé. Infelizmente tampouco é a ação por si só. Portanto, o critério que mede a qualidade desta vida deverá ser buscado em outra parte. Onde? Eu diria que na qualidade da vida cotidiana da pessoa em formação, na própria disposição, na gratuidade que desenvolvem, em sua capacidade de liberdade e disponibilidade; em sua dedicação ao estudo, e nas motivações que estão contidas nessa dedicação; em sua disposição para ser grandes nas pequenas coisas como costumem ser no que é grande; na maturidade para aceitar as mediações distantes e obscuras do Reino..." J. A. GARCÍA, "Apología de la 'diferencia'. Carta a un formador", em *Sal Terrae*, t. 82/9 (n. 972) (1994), p. 717.

De todas as formas, o mestre, que exerce as vezes de mistagogo, sem menosprezar a recomendação do recurso aos diversos métodos, terá presente este princípio: "para aprender a oração, o melhor é orar muito"[14]. Mel sobre massas finas e distendidas se a oração é feita bem. O que quero acentuar é que o mestre ou a mestra deve levar os noviços ou noviças, com seu exemplo e com suas oportunas orientações, a mergulhar nas correntezas da oração.

Detalhemos algumas *formas de oração pessoal*:

1. Lugar destacado merece ter, entre os exercícios de piedade, a *lectio divina*, que é uma leitura sossegada da Palavra de Deus, na qual encontra seu ponto de partida e para a qual retorna[15]. É um exercício de leitura feito com repouso, sem pressa e com sentido da gratuidade, isto é, sem a busca de outras vantagens como seria, por exemplo, o aumento de conhecimentos sobre a Sagrada Escritura, ou a preparação para uma intervenção pública, ou qualquer outro motivo. É, simplesmente, um meio para se encontrar com Deus e sair desse encontro verdadeiramente transformados e comprometidos...[16] O encontro com a Sagrada Escritura não tem, pois, outra finalidade que esse contato pessoal com a palavra, mesmo quando opera conseqüentemente a transformação da vida[17].

Esse encontro com a Palavra de Deus requer uma iniciação e um exercício intenso durante esse período da formação[18]. É na etapa do noviciado quando essa intensificação pode realizar-se melhor porque se dispõe, para tal efeito, de mais tempo e as condições apropriadas para se fazer.

Talvez se agradeçam algumas indicações práticas a esse respeito[19], embora haja o risco de ser repetitivo: que o noviço disponha de uma Bíblia pessoal na qual possa sublinhar aqueles parágrafos ou

---

[14] F. Ruiz Salvador, *Caminos del Espíritu. Compendio de Teología Espiritual*, Madrid (2) EDE, 1978, p. 313.
[15] Cf. *PI* 76.
[16] Cf. L. Del Burgo, "Acercamiento a la lectio divina", em *Comunidades*, 52 (1986), p. 36ss.
[17] "A Palavra de Deus, palavra viva e eficaz, obtém seu verdadeiro cumprimento e seu pleno significado somente mediante a transformação realizada por ela naquele que a recebe", H. De Lubac, *S. Scrittura, nella Tradizione*, Brescia, Morcelliana, 1969, p. 24, em B. Calati, "Palabra de Dios", em *NDE*, p. 1084.
[18] Cf. *PI* 76.
[19] Cf. C. Carreto, *Lo que importa es amar*, Madrid (9), Paulinas, 1977, p. 219-220.

textos que mais impacto lhe causam; que não converta a leitura da Bíblia num fato cultural — conhecer dados, curiosidades, afã exegético etc. — mas que penetre dentro de seu espírito; que aprenda a sentir gosto por ela, a amá-la, a distingui-la de qualquer outro livro.

A aproximação dos noviços à Bíblia deve consistir, efetivamente, numa aproximação espiritual, *carismática*, ao sagrado texto: deixar-se interpelar pela voz do Senhor, sem outros questionamentos intelectuais. Isso requer aproximar-se da palavra com algumas atitudes *espirituais*, que são condição indispensável para escutar a voz do Senhor:

— estremecer-se ante a Palavra de Deus (capacidade de acolhida na fé, humildade, pureza);
— em sintonia de amor com aquilo que diz o amor (ser sensíveis à mensagem da palavra, acolhê-la com afeto, lê-la com o coração etc.);
— abertos docilmente a sua ação purificadora e comprometedora (abertura, disponibilidade e generosidade para secundar quanto exige e sugere);
— em oração dialogante (Deus abre-nos seu coração na palavra; exige idêntica atitude ou reação de abertura);
— e saboreá-la no paladar do coração (leitura sapiencial)[20].

2. Um lugar algo mais discreto, mas também importante, na vida de piedade do noviciado ocupará a assim chamada *leitura espiritual*, que em nenhum caso deve suplantar a *lectio divina*, centralizada na Palavra de Deus. Esse contato com os grandes autores da tradição tem um valor formativo digno de apreço[21].

Além dos grandes autores da tradição eclesial, terão lugar outros autores contemporâneos, especialistas em temas de espiritualidade, cujas obras ou escritos podem contribuir para que a leitura espiritual, que dos mesmos fazem os noviços, encontre neles maior ressonância, supostas uma sensibilidade e idiossincrasia mais conformes com a mentalidade de nosso tempo.

---

[20] Cf. M. ORGE, "La lectura de la Biblia que ha inspirado la vida religiosa", em *Vida Religiosa*, 56 (1984), p. 88ss.
[21] Cf. *PI* 47.

3. O *exame de consciência* é outro dos meios interessantes para progredir no caminho da virtude, sempre que não se converta em instrumento torturador que flagela cada noite àquele que repassa a jornada transcorrida. Não é esse o sentido ou finalidade do exame de consciência. Consiste, sim, em fazer "memória" ou recordação agradecida daquilo que o Senhor, ao longo do dia que está terminando, realizou, através dele mesmo, em favor dos outros.

Trata-se, pois, de um enfoque eminentemente positivo e pragmático do exame de consciência: repassar os atos concretos — não somente as intenções e os sentimentos —, num clima de oração de gratidão[22].

Mas, além disso, o *exame de consciência* é um modo de se exercitar na arte do bom discernimento, aquele que coloca a pessoa na onda de Deus e a situa numa linha de crescimento contínuo; um *discernir* que consiste em definir as coisas em seus próprios limites, em examinar a fundo, em interpretar adequadamente, em realizar uma análise crítica da realidade diante da justa avaliação da mesma e ao conseqüente compromisso que se traduz depois em opções operativas[23]. Assim, o exame não é somente um ato piedoso pontual na jornada, mas que chega a ser já uma atitude vital realmente importante. Implica certa disciplina metodológica, alguns pontos:

— pôr-se na presença de Deus e pedir sua graça para contemplar a própria vida, repassando a jornada transcorrida;
— anotar as vivências internas do dia (o que passou externamente, e as sensações ou reações interiores);
— captar as propostas divinas (vindas de Deus) entremeadas nos fatos e nas sensações;
— descobrir também as manhas ou armadilhas do espírito do mal;
— questionar-me sinceramente, agora que faço o exame, quais são as propostas de Deus, suas inspirações, suas chamadas, antes talvez não percebidas;

---

[22] Cf. F. MANRESA, *Una larga marcha. Aprendizaje de la vida religiosa*, Santander, Sal Terrae, 1989, p. 27-28.
[23] Cf. M. MARTÍNEZ, "Discernimiento", em *DTVC*, p. 519.

— perguntar-se qual é a mensagem, afinal, que Deus me tem querido dar;
— e concluir com uma oração de ação de graças e de petição de ajuda[24].

4. E uma última palavra — com referência à oração pessoal – sobre as *práticas devocionais*. Aqui está um terreno no qual a piedade do "noviço fervoroso" poderia desembocar para dar lugar às suas devoções, em detrimento da genuína piedade que se alimenta da Palavra de Deus, e em seu ponto essencial de referência na ação litúrgica. Essa é uma das deformações "piedosas" que pode trair o noviço ao ingressar no instituto, provavelmente se vem de um ambiente familiar com raízes religiosas tradicionais, ou se recebeu a influência — neste particular menos positiva — de certos movimentos eclesiais. Mas também pode adquiri-la uma vez que tenha ingressado no noviciado.

É delicado combater esse *devocionismo* que costuma estar escorado por convicções, vivências, sentimentos ou afetos arraigados profundamente. Não será aconselhável, então, intervir de forma violenta, iconoclasta, mas que será muito mais eficaz intentar combatê-lo promovendo um tipo de espiritualidade centralizada na piedade litúrgica, confiando que em algum momento as águas tornem por si mesmas em seu próprio leito. É de se esperar que isso aconteça não demorando muito tempo.

Evitar, na medida do possível, o devocionismo não significa, contudo, abolir todo sinal de verdadeira devoção. Há práticas devocionais, cuja eficácia ou influência positiva no desenvolvimento da vida espiritual cristã tem sido comprovada. Por isso, a vida religiosa foi assumindo algumas delas e propondo-as, tanto para o uso comunitário como para o uso individual (por exemplo: via sacra, rosário, angelus etc.). Também aqui se requer tino e capacidade discernidora para selecionar essas práticas e para fazer delas o uso adequado.

Que dúvida poderia haver de que a *devoção mariana*, em concreto, merece uma atenção especial dentro da formação para a vida

---

[24] Cf. C. R. Cabarrús, "Em examen, una vía de acceso al discernimiento", em *Sal Terrae*, t. 86/11 (1998), p. 905-907.

religiosa? De fato, a figura de Maria provocou universalmente o entusiasmo e a piedade de tantos homens e mulheres de todos os tempos, também de tantos religiosos e religiosas[25]. Mas o interessante será fazer os noviços compreenderem que o que deveras importa não é recitar esta ou aquela oração à Virgem, ou ter-lhe muita devoção..., o que é verdadeiramente importante é descobrir a figura de Maria, a Mãe do Senhor, tal como aparece no Evangelho, como "a primeira discípula", companheira de caminhada, com quem vai avançando no seguimento de Jesus e, conseqüentemente, como modelo sublime de consagração[26]. Sobre a figura de Maria foram ditas muitas coisas. E continuar-se-á dizendo até o fim dos tempos. Tudo o que digamos não será senão uma gota a mais, acrescentada ao oceano de títulos, que a piedade e a teologia foram acumulando em torno dela. Mas o que verdadeiramente importa na formação não é reelaborar um tratado mariológico, mas induzir os formandos a que eles mesmos descubram Maria a partir do seu próprio ser de jovens, a partir de sua peculiar sensibilidade e em contato com a palavra revelada, isto é, formando-os no autêntico sentido mariano[27]. Dessa maneira a figura de Maria parecerá atrativa. O relacionamento com ela se tornará tão estreito, natural, e a espiritualidade se tornará cristocêntrica. A devoção mariana entendida e vivida conforme a palavra evangélica não será dulçurosa nem infantil..., mas será cada vez mais interior, madura e impulsionadora do compromisso.

Algo parecido pode-se dizer das práticas devocionais aos santos e santas, principalmente a devoção dirigida para o próprio fundador ou fundadora. Mas é importante o enfoque a partir do qual se realiza a aproximação devocional: eles são companheiros de caminhada. São também, certamente, "o pai" ou "a mãe", no sentido universalmente admitido de ser mediação da progenitura espiritual. Mas podem-se considerar, também, o irmão, a irmã, o amigo, a

---

[25] É lógico, porque como diz S. Mª ALONSO, "se a vida religiosa somente é compreensível a partir da vida cristã, somente a partir de Maria poderá ser entendida em toda sua profundidade a vida religiosa", *La vida consagrada. Síntesis teológica*, Madrid (10), PCI, 1992, p. 530.

[26] "A vida consagrada contempla-a como modelo sublime de consagração ao Pai, de união com o Filho e de docilidade ao Espírito Santo, sabendo bem que identificar-se com o tipo de vida na pobreza e virgindade de Cristo significa assumir também o tipo de vida de Maria", João Paulo II, *Vita consecrata*, 28.

[27] Cf. M. CORTÉS, C. JÁUREGUI e Z. MUÑOZ, "María en la formación de los religiosos. Una pedagogía del auténtico sentido mariano", em S. Mª ALONSO (dir.), *María en la vida religiosa. Compromiso y fidelidad* (Semanas de Vida Religiosa 15), Madrid, PCl, 1986, p. 279-302.

amiga, o companheiro, a companheira da caminhada[28]; mais que objeto de culto de dulia ou personagens influentes na "corte celestial" — a quem se venera e aos quais se solicitam favores — são nossos familiares e amigos, cujo exemplo nos estimula, com os quais sintonizamos pelo mesmo carisma recebido do Espírito e cujo apoio invocamos para continuarmos fiéis, em sua companhia, a Cristo.

2. Os "momentos fortes"

A vida espiritual que vai desenvolvendo-se no noviciado segue alguns ritmos ordinários, marcados pelo programa de cada dia e também pelas práticas de oração e pelas celebrações cotidianas. Contudo, há *momentos fortes*, chamados assim por sua intensidade celebrativa que, embora não sendo ordinários, incidem poderosamente com seu impulso energético sobre a vida do noviciado. Entre esses momentos fortes incluo a celebração dos retiros e exercícios espirituais, por uma parte, e a celebração dos tempos litúrgicos de especial relevo, por outra.

2.1. Retiros e exercícios espirituais

As jornadas de retiro espiritual, intercaladas periodicamente no decurso do ano, e os exercícios espirituais são momentos especiais de *deserto*; são momentos privilegiados para meditar a Palavra de Deus, refletir sobre a própria vida e continuar prosseguindo com renovada fidelidade a caminhada iniciada a partir da chamada do Senhor.

Poderia parecer desnecessário ter esses momentos especiais de deserto numa etapa formativa que se caracteriza, precisamente, toda ela por ser espaço livre e tempo aberto para a ação divina. Contudo, também no noviciado são necessários esses momentos de especial densidade espiritual, acrescentada àquela que normalmente anima o desenvolvimento algo monótono dos dias ordinários.

---

[28] "Companheiras são as fundadoras e santas de nossas origens. Nessa caminhada de fé, a noviça está chamada a se deixar iluminar docilmente pelo único Mestre e pelos mediadores que ele escolheu", C. KERSBAMER, "Un camino que recorrer: programa formativo de las HH. de María Niña", em AA.VV., *Formación para la vida religiosa. Del noviciado a la profesión perpetua*, Madrid, Ed. Paulinas, 1984, p. 289.

Os dias de retiro espiritual poderiam ser celebrados mensalmente, ou também coincidindo com o final de alguns núcleos principais dos conteúdos, de maneira que pudessem fazer recapitulação dos mesmos e revisão de vida.

Os exercícios espirituais, que supõem a dedicação de vários dias seguidos, e que, talvez, devam ser dirigidos por outra pessoa diferente do mestre, terão uma posição estratégica no calendário: pode ser no começo da etapa de noviciado, ou na metade do ano, ou no seu fim, antes da realização da profissão religiosa.

Quando os exercícios espirituais são tidos antes ou no começo do noviciado, sua finalidade imediata é óbvia: dispor os aspirantes à vida religiosa para iniciar com generosidade essa experiência singular e animar-se a isso[29]. Nessas circunstâncias o papel do diretor é predominante: esses jovens ainda não entraram em contato com os conteúdos específicos da vida religiosa, ou não puderam fazer isso a fundo. Necessitam ser acompanhados, dirigidos, orientados. Embora se deixe espaço para a reflexão pessoal, esta não pode ocupar a maior parte do dia. Haveria perigo de perda de tempo, de enfado e de cansaço. Que o diretor, portanto, ofereça pontos ou orientações para orar e pensar...; que possibilite algumas dinâmicas de comunicação, de intercâmbio entre os participantes; que tolere benignamente alguns momentos de distensão.

Muito diferente é a situação dos exercícios tidos noutro momento da etapa, sobretudo quando são dados nos dias imediatamente anteriores à profissão religiosa; neste caso, a figura do diretor deve ser mais discreta possível. Sua atuação bem poderia limitar-se a oferecer algumas pistas para a reflexão pessoal, que ocuparia a maior parte dessas jornadas, e estar disposto a acompanhar a quem o solicite, mediante conversas pessoais. A razão dessa discreta intervenção que se pede ao diretor dos exercícios celebrados no final do noviciado é porque os noviços, a estas alturas, já terão escutado e lido, quase até à saciedade, os temas referentes à vida religiosa e os conteúdos próprios do instituto. Agora já não necessitam que se lhes insista na doutrina, mas antes, em sua aplicação concreta para a vida, isto é, em referência a sua assimilação ou interiorização pessoal.

---

[29] Os exercícios tidos no começo do noviciado na Companhia de Jesus têm, conforme parece, um caráter de iniciação no seguimento de Cristo em sua missão com a finalidade de ajudar e libertar na pessoa algumas energias não poucas vezes bloqueadas ou desconhecidas. Cf. J. Dravet, "El noviciado, iniciación a la vida religiosa", em *Vida Religiosa* (Boletim), 75 (1993), p. 392.

2.2. A celebração dos tempos litúrgicos de especial importância

Embora seja certo que em cada Eucaristia, celebrada diariamente, atualiza-se e concentra-se de maneira plena a realidade salvífica do mistério de Cristo, não é menos certo que razões de índole teológica, pastoral e pedagógica aconselham a explicitação de diversos aspectos e momentos desse único mistério em celebrações estruturais ao longo do ano litúrgico[30]. Embora todas as celebrações e festas litúrgicas se refiram fundamentalmente aos aspectos do único mistério salvífico, cada uma acentua matizes peculiares diversos. E isso, que é o que se celebra na vida da Igreja, deve encontrar amplo eco celebrativo dentro da vida religiosa e da comunidade formativa.

A vida espiritual dos membros da comunidade sustenta-se e nutre-se através dos ritos, das orações, e antes de tudo, dos textos bíblicos da liturgia da palavra que as celebrações de cada dia oferecem, dentro do ciclo anual. É nessa fonte vital que a liturgia oferece onde os noviços mergulham e acham inspiração e estímulo para sua espiritualidade.

Mas aquilo que é fonte de espiritualidade para cada dia, o é especialmente quando chegam os tempos litúrgicos fortes — Advento, Natal, Quaresma e Páscoa —, nos quais o mistério salvífico de Cristo celebrado na liturgia ganha relevos especiais.

Rezar e viver ao ritmo de cada tempo litúrgico é como ter o coração pulsando no mesmo ritmo que o da Igreja. Sentir-se em sintonia com a comunidade eclesial desde os âmbitos mais recônditos da vida religiosa e desde seus umbrais, como é o noviciado, e ao compasso dos tempos e das celebrações da liturgia, situa-nos em nosso lugar eclesial: entre os membros vivos da Igreja, que bebem de sua corrente vital e participam ativamente no mistério atualizado, dando "glória ao Pai, por Cristo, no Espírito Santo".

Com a finalidade de que tudo isso não fique numa pura teoria, será preciso motivar a celebração desses tempos litúrgicos relevantes, fazê-los preceder por alguma instrução que oriente sobre seu sentido e de sua inserção dentro do ano litúrgico, com a devida referência aos aspectos rituais e pelo seu reflexo na vida.

---

[30] Cf. A. BERGAMINI, "Año liturgico", em D. SARTORE e A. M. TRIACCA (dirs.), *NDL*, p. 141.

VIII

OUTROS DINAMISMOS FORMATIVOS

Há um conjunto de ajudas que a vida religiosa põe a serviço da formação dos noviços e que a tradição consagrou como meios verdadeiramente eficazes para a consecução dos objetivos do noviciado. Entre eles, quero assinalar a direção espiritual ou acompanhamento, os diversos subsídios ordenados para o auto-conhecimento, as ajudas para conseguir o crescimento na maturidade humana e o progresso na vida do espírito, os meios ascéticos, a sã expansão e o uso do tempo livre etc.

1. O acompanhamento espiritual

O mestre é o acompanhante nato dos noviços. Embora seja verdade que os jovens formandos hoje em dia vão assumindo com maior consciência sua responsabilidade e sabem apelar para sua própria consciência como norma suprema e última, e embora seja verdade também que normalmente é toda a comunidade formativa, não somente a pessoa do formador, aquela que exerce sua influência educativa sobre o indivíduo, chegando a desempenhar, inclusive, certa direção espiritual[1], considero que continua sendo insubstituível a figura do mestre como diretor espiritual ou acompanhante, tal como fica estabelecido sem deixar equívocos na instrução *Potissimum Institutioni*:

> "O mestre do noviciado é o acompanhante espiritual designado para este efeito para todos e para cada um dos noviços"[2].

---
[1] Cf. P. GIANOLA, *La comunidad formativa*, p. 180.
[2] *PI* 52.

Vita consecrata insiste, também, na necessidade de um *colóquio pessoal*, como o principal instrumento de formação, entre formadores e formandos:

> "O principal instrumento de formação é o colóquio pessoal, que deve ser tido com certa regularidade e certa freqüência, e que constitui uma prática de comprovada e insubstituível eficácia"[3].

O acompanhamento espiritual é, sem dúvida, uma das principais ajudas que o instituto oferece a cada noviço na pessoa do mestre, o qual não se conforma com uma dedicação ao grupo mas que leva em conta a peculiaridade de cada formando confiado a seu cuidado e lhe presta a colaboração formativa de modo personalizado, por meio de sua assistência, através de periódicos encontros ou entrevistas e com qualquer outro tipo de ajuda acomodada a cada situação[4].

O mestre, em nome do instituto, ajuda o noviço — caminhando junto com ele — a descobrir suas possibilidades, a discernir a vontade de Deus sobre sua vida, a lançar-se generosamente no seguimento de Cristo virgem, pobre e obediente, e a vencer com decisão as resistências que se opõem a este projeto de seguimento de Jesus na vida religiosa e a este ideal de santidade ao qual todos somos chamados na Igreja.

Há verdadeiro acompanhamento ou direção espiritual quando, na busca da plenitude da vida cristã, a pessoa recebe aquele apoio espiritual que ilumina, sustenta e guia num discernimento da vontade de Deus para conseguir a santidade[5]. Se no noviciado não conseguimos despertar este desejo interior para a santidade, para a generosidade, para a altura... quando se dão, supostamente, todas as condições ambientais ideais, podemos perguntar-nos pela qualidade de nosso acompanhamento.

---

[3] João Paulo II, *Vita consecrata*, 66.

[4] O acompanhamento espiritual, como demonstra J. F. Valderrábano, ajuda a pessoa acompanhada "a desenvolver e a tornar efetivas suas possibilidades e capacidades, a neutralizar seus defeitos e suprir suas carências, com o fim de descobrir o tipo de atividade que melhor pode desenvolver, os relacionamentos que estão mais de acordo com suas possibilidades. Numa palavra, que vá transformando sua vida na base a um projeto conscientemente assumido ou pressentido inconscientemente", *El acompañamiento espiritual en la formación para la vida religiosa*, Madrid, PCI, 1983, p. 41.

[5] Cf. Ch. A. Bernard, *L'aiuto spirituale personale*, Roma, Rogate, 1978, p. 21.

No acompanhamento espiritual ao noviço, os *conteúdos* fundamentais ou campos nos quais se exerce o acompanhamento, principalmente através da *entrevista* pessoal, são os seguintes: a maturidade pessoal, o discernimento da vocação para a vida consagrada e o progresso na vida espiritual em seus diversos aspectos, incluída aqui a vivência da vida religiosa e da espiritualidade do próprio instituto.

O tema da *maturidade pessoal* é básico. Além de o estado da imaturidade normal, correspondente à idade evolutiva na qual se encontram os noviços, deve-se levar em conta outros desajustes individuais cujo diagnóstico somente pode ser feito depois de um tempo suficientemente longo de acompanhamento, procurando detectar as deficiências ou carências, os desequilíbrios etc., e ajudando a conseguir progressivamente a maturidade ou pôr-se em vias de consegui-la.

Junto com o tema da maturidade pessoal situa-se o tema do *discernimento* e do *crescimento vocacional*[6]: é preciso prosseguir avançando nessa tarefa de discernimento que se iniciou antes do ingresso do jovem na casa do noviciado. O processo de purificação das motivações pode suscitar surpresas. Do acompanhamento se requererá muita paciência. Haverá necessidade de infundir ânimo nos momentos de crise e vacilações; será preciso ser valentes e francos na hora de aconselhar outro caminho em casos de clara falta de idoneidade para a vida religiosa; é preciso tomar todo cuidado de discrição na hora de dar opiniões sérias, como a referente ao pedido para a profissão religiosa, que o noviço deve formular com inteira liberdade.

Mas é o tema da *vida espiritual* aquele que vai ser o mais amplamente tratado nas entrevistas periódicas e aquele que vai ser o *leitmotiv* ou tema que deve voltar em todas elas. Na entrevista pessoal entra de cheio o tema da vida teologal, em seus fundamentos e em suas expressões, em seus dinamismos, em sua projeção vital... E entra também a espiritualidade própria do instituto como projeto de vida que leva à perfeição evangélica: a maneira de viver os votos religiosos, a vida fraterna, o apostolado, o trabalho, a oração etc.

---

[6] Através das entrevistas ajuda-se a discernir e também a crescer vocacionalmente. Assim favorece-se nos noviços uma percepção e aceitação mais objetiva de seus limites, uma superação das defesas primitivas, uma leitura mais objetiva da realidade. Cf. A. Bissi, *Madurez humana. Camino de trascendencia*, Madrid, Sociedad Educación Atenas, 1996, p. 284.

Pois bem, no acompanhamento espiritual o mais importante não são os conteúdos, ao menos do ponto de vista educativo, isto é, da perspectiva daquilo que exerce o acompanhante, mas as *atitudes* que revestem a realização do acompanhamento; em concreto, a disposição pessoal do acompanhante, independentemente do método que use para as entrevistas.

Permito-se sugerir, em seguida, alguns modelos de atitudes recomendáveis aos mestres e às mestras em sua tarefa de acompanhamento e que se referem, especialmente, à realização da entrevista. Estou certo de que não há receitas infalíveis a esse respeito — tampouco o são as que eu apresento —, apesar de o muito que sobre isso se escreveu[7] e da dificuldade que se torna agora de acrescentar algo que seja francamente original.

1. Indicaria, em primeiro lugar, que deve-se cuidar dos *elementos ambientais e de acolhida*: nada é sem importância quando se trata de favorecer o desenvolvimento do encontro. Os condicionamentos ambientais têm sua importância: a distribuição do espaço e de seus objetos, a colocação do mestre e a do noviço, a posição e intensidade da luz, a temperatura, a criação de um ambiente acolhedor pela sua simplicidade, o sentido da estética etc. Todos esses elementos ambientais, sobretudo a atitude do formador, que deve transmitir a mensagem de que acolhe sem reservas a pessoa do formando, constituem os preâmbulos de toda entrevista.

2. Praticar a "aceitação incondicional" (Rogers e Carkhuff): obsequiar o formando com uma consideração positiva e calorosa, com um sincero apreço. Essa aceitação respeitosa e essa estima, contudo, não devem ser somente interiores mas que devem-se expressar que possam chegar ao conhecimento do noviço. Desse modo, sua confiança ver-se-á reforçada e se sentirá estimulado para se abrir ao diálogo interpessoal.

3. Não se esconder atrás da função de acompanhante ou do rol de diretor-mestre. Quer dizer: ser *autêntico*, ser genuíno, franco,

---

[7] Aponto alguma bibliografia sobre o tema: J. Sastre, *El acompañamiento espiritual*, Madrid, San Pablo, 1993, p. 211-218 e 155ss.; B. Giordani, *Encuentro de ayuda espiritual (Adaptación del método de R. Carkhuff)*, Madrid, Sociedad de Educación Atenas, 1985, p. 113-129; Id. *La relación de ayuda: de Rogers a Carkhuff*, Bilbao, Desclée de Brouwer, 1997, p. 178-208 e 223ss.; J. F. Valderrábano, *o. c.*, p. 88ss.; J. R. Urbieta, A*compañamiento de los jóvenes. Construir la identidad personal*, Madrid, PPC, 1996, p. 141-145; J. Andrés Vela, *La entrevista personal y el diálogo pastoral*, Madrid, Ed. CCS, 1998, p. 189-196.

sem pretender dissimular inclusive os próprios defeitos e ignorâncias. O emprego de máscaras e adotar atitudes ambíguas não conseguem senão favorecer a repulsa e a desorientação. O acompanhante procurará ser ele mesmo, sem se preocupar de aparentar outra coisa, nem sequer de fazer bem — tecnicamente — a função do acompanhamento. O mais importante não está em saber o *que se deve fazer* para acompanhar, mas *o que deve ser*. E é mais importante ser *acompanhante* do que dominar as técnicas de acompanhamento[8].

4. Deve-se conseguir também a *integração de outros aspectos* que configuram a identidade do acompanhante-mestre. Este não pode abdicar das responsabilidades derivadas de seu cargo e de sua posição de formador. Deve realizar o acompanhamento conservando — como parte de sua própria identidade — sua personalidade de educador, de crente adulto[9], de sacerdote (no caso de mestre pertencente a instituto clerical) e de representante da própria instituição religiosa. E isso é o que se espera dele. Todas essas dimensões devem integrar-se no exercício do acompanhamento sem que se produzam barulhos.

5. *Saber escutar* — Coisa, por certo, não suficientemente atendida na formação[10] —: *saber escutar* não é somente dar-se por entendido sobre o que nos dizem as palavras dos noviços; é, sobretudo, captar o que nos dizem seu silêncio, as pausas intercaladas, os gestos...; é dar a importância devida à linguagem metaverbal. Disse C. G. Vallés:

> "Olhar o rosto, fixar-se no rosto, descobrir estados de ânimo, ler emoções, decifrar gestos. Os olhos, a fronte, as rugas e o sorriso. E as mãos e os pés e a respiração e a voz... Todas essas coisas falam antes que comece o diálogo"[11].

O mestre deve saber escutar: deve ser o *homo audiens*, que escuta *no que* o noviço diz o que *é* (em outras palavras, que limpa a

---

[8] Cf. J. Pujol i. Bardolet, "El acompañamiento en la formación de la vida religiosa", em *Vida Religiosa*, 54 (1983), p. 144.
[9] Cf. E. Alburquerque, "Ayuda del formador, adulto en la fé, mediante la entrevista personal", em *Confer*, 80 (1982), p. 661-683.
[10] Cf. B. Giordani, "La escucha: actitud descuidada en la formación vocacional", em *Seminarios*, 111 (1989), p. 59-70.
[11] C. G. Vallés, *Viviendo juntos*, Santander, Sal Terrae, 1985, p. 109.

impureza da casca das mensagens que lhe chegam para captar mais em profundidade); que presta atenção ao *como* da comunicação da pessoa (não somente ao conteúdo), e que sabe, inclusive escutar *com o ouvido de Deus*, o "escutador por excelência" (sendo capaz de perceber esse *plus* da pessoa, que sempre é *algo mais* do que revela e comunica através da palavra...)[12].

6. Cultivar a *empatia*, que consiste em ter a capacidade de pôr-se no ponto de vista do outro, em chegar a compreender a fundo tanto o conteúdo material da comunicação como o estado de ânimo no qual a pessoa se encontra; perceber tudo isso, e, além disso, saber expressá-lo, reformulá-lo com as próprias palavras. Assim o noviço sente-se na verdade compreendido.

7. Respeitar os ritmos pessoais e de comunicação: cada noviço tem seu próprio ritmo no crescimento espiritual, no transcurso e superação das possíveis crises etc., e na forma de se comunicar. Não se podem forçar os ritmos pessoais. Pode-se ajudar, isso sim, a agilizar o processo da comunicação, por exemplo, por meio de alguns pontos formulados por escrito previamente entregues, ou também perguntados oralmente; mas dando sempre a possibilidade de responder com liberdade e à margem de todo esquema prefixado.

8. Mas o respeito aos ritmos pessoais de cada um dos noviços deve estar bem ajustado à exigência[13]. É exigente quem toma a sério sua tarefa de guia, de direção ou acompanhamento. O mestre deve ser exigente, embora nunca rígido: exigir um projeto pessoal, um compromisso com o plano ou programa do noviciado, uma constância nos propósitos, uma coerência e uma fidelidade na busca periódica da orientação por meio do encontro com o acompanhante.

9. Respeitar sempre a liberdade de opção, particularmente no que se refere à direção vocacional:

> "Não digas nunca ao noviço/a Deus te chamou, mas: busquemos juntos, com muita sinceridade, se Deus te chama, se és capaz de levar ao fim teu desejo vocacional"[14].

---

[12] Cf. A. CENCINI, *Vida en comunidad: reto y maravilla. La vida fraterna y la nueva evangelización*, Madrid, Sociedad de Educación Atenas, 1996, p. 177-179.

[13] Cf. L. OLGIATI, *La direzione spirituale dei giovani d'oggi (Appunti per una impostazione pastorale)*, Leumann (Torino), LDC, 1978, p. 70ss.

[14] A. VÁSQUEZ, "Motivaciones y discernimiento de la vocación en el noviciado", en *Confer*, 23 (1984), p. 382.

10. Assegurar a *confidencialidade* das entrevistas: embora a entrevista do mestre com o noviço não se revista de caráter sacramental da confissão nem implica no sigilo cuja transgressão é penalizada pelo *Código do Direito Canônico*[15], mas é exigida pela própria confidencialidade, ao menos se pede para determinados profissionais, em cujas mãos vão cair alguns assuntos e cuja revelação poderia resultar comprometedora ou menos conveniente. Por conseguinte, nada do que foi tratado na entrevista pessoal deverá transpirar para fora. A confiança do noviço não pode ser atraiçoada pela leviandade de um comentário do acompanhante ou por atitudes que mostrem estar em posse de certos conhecimentos, obtidos por via confidencial.

11. Finalmente, manter em todo momento da entrevista uma atitude desprendida, modesta e respeitosa: realizada de tal maneira que o noviço se sinta progressivamente capaz de valer-se por si mesmo, embora continue necessitando do apoio objetivador do mestre (e dos seguintes formadores, num futuro imediato). O mestre, como bom acompanhante, deve promover a autonomia das pessoas e ir passando discretamente a um segundo plano até chegar quase a "se tornar prescindível"[16].

2. Ajudas para o amadurecimento pessoal

Um dos objetivos específicos da formação é conseguir a unificação de todos os aspectos fundamentais da vida. Essa unificação é uma meta alcançável sobretudo através da assimilação e aprofundamento dos valores sobrenaturais que unificam e estruturam o desenvolvimento da pessoa consagrada — ou que vai consagrar-se — na vida religiosa, mas que exige coerência interior, especialmente a partir da tomada de consciência do que implica essa consagração[17]. Trata-se, em resumo, de todo um objetivo de maturidade

---

[15] Cf. *CDC* 1388.
[16] Cf. J. Mª RAMBLA "'No antecipar-se ao Espírito'. Variações sobre o acompanhamento espiritual", em *Sal Terrae*, t. 85/8, n. 1.004 (1997), p. 627. YVES RAGUIN acentua a influência e o atrativo que exerce, inclusive na distância, o "mestre espiritual" que é verdadeiramente desprendido, desapegado, que não intenta buscar para si mesmo uma clientela, que é livre e deixa ser livres os demais: cf. *Maestro y discípulo. El acompañamiento espiritual*, Madrid, Narcea, 1986, p. 109-116.
[17] Cf. J. M. ALDAY, "Lectura antropológica e psycopedagógica", em M. J. ARROBA (dir.), *La formación de los religiosos. Comentario a la Instrucción "Potissimum Institutioni"*, Roma, Ediurcla, 1991, p. 184ss.

pessoal que abrange múltiplos aspectos e que supõe um processo de integração da pessoa em todas suas dimensões: física, moral, intelectual e espiritual[18].

Que meios podemos empregar para facilitar a maturidade pessoal dos noviços?

a) Ajudar para que cada noviço elabore seu *projeto pessoal*, apresentado cada vez com novos matizes à medida que vai passando o tempo e o horizonte se torna mais amplo. Há níveis profundos e delicados que escapam a uma programação comunitária. Pertencem ao foro interior das pessoas, e somente podem encontrar objetivação através do projeto pessoal[19]: situações, problemas, expectativas, sentimentos, opções íntimas, determinadas deficiências físico-fisiológicas e psíquicas, condicionamentos hereditários, complexos, crises afetivas, escrúpulos e outras realidades dolorosas. Essas realidades pedem uma atenção ou acompanhamento personalizado.

b) Fomentar o *auto-conhecimento* do noviço, a análise, a revisão pessoal, o exame de consciência. Que o noviço aprenda a ser reflexivo, a possuir capacidade de introspecção, a se submergir na própria interioridade para rastrear seu mundo subjetivo e conhecer melhor quais são as forças que o movem e que, com freqüência, cerceiam a objetividade de suas atitudes, opiniões e decisões. Uma boa medida para progredir no auto-conhecimento pode ser redigir um *diário*, sempre que não se limite a ser uma simples crônica, registro simplesmente do que sucede durante o dia. Também pode ser interessante ir escrevendo a própria biografia (*autobiografia em sentido vocacional*). Lançar mão desses instrumentos como testes, questionários de auto-avaliação e outros, úteis para adquirir um maior conhecimento de si próprio, do próprio caráter e de seus traços de personalidade, das motivações etc.

c) Convidar os formandos a se servirem de alguns métodos, tais como a *análise crítica da realidade* e a *revisão de vida*, para que consigam ler a realidade de forma crítica, para que coloquem em crise as próprias convicções e para que contemplem a presença ativa da graça de Deus em suas vidas[20].

---

[18] Cf. *PI* 34.
[19] Cf. M. MARTÍNEZ, *Los proyectos personales y comunitarios*, Madrid, PCI, 1992, p. 189ss.
[20] Cf. J. SASTRE, *o. c.*, p. 83-85, e M. MARTÍNEZ, "Revisión de vida", em *DTVC*, p. 1589-1601.

d) Suscitar nos noviços um espírito pronto a prestar a oportuna *ajuda fraterna* em favor de todos os demais — seja esta de maneira comunitária ou individual — e que se realize:

— por meio da *iluminação*: o ponto de vista alheio ajuda a ver melhor as próprias capacidades, a graça recebida, os obstáculos;
— por meio do *impulso*: uma mão amiga sustenta não somente nos momentos de iniciativa mas também nos de fraqueza e crises;
— por meio da *correção*: contar com uma voz fraterna que avisa as falhas e defeitos — respeitosa, cordial e sem dissimulação — é uma graça especial;
— por meio do *discernimento*: forma construtiva de ajuda fraterna[21].

e) Recorrer à colaboração de peritos em psicologia, psiquiatria etc., conforme a necessidade. Não ser receosos no pedido de ajuda àqueles que podem prestar um serviço inapreciável aos noviços — dentro de sua especialidade em determinadas ciências humanas —, detectando desequilíbrios, deficiências de maturidade (não somente no plano afetivo e no sexual[22]), trazendo luzes e ajuda para a consecução da maturidade pessoal, sem que isso comporte ingerência alguma no terreno de decisão vocacional. O recurso ao especialista não é para se generalizar, mas tampouco deve ser olhado como um recurso *in extremis*, nem ser reservado para casos realmente raros. Pode-se recorrer a essa colaboração sempre que pareça conveniente, na medida em que o aconselham as circunstâncias concretas. Fuja, pois, o mestre de todo temor infundado no que se refere a adoção desse recurso, sem lhe conceder, pelo extremo oposto, exagerada importância. Em qualquer caso, porém, evite o mestre se meter a "se fazer de psicólogo"; deixe que essa função a exerça somente quem é profissional da psicologia, "Sapateiro, não passe da sola!" ("Sutor, ne ultra crepidam").

---

[21] Cf. F. Ruiz Salvador, *Caminos del Espíritu. Compendio de Teología Espiritual*, Madrid (2), EDE, 1978, p. 541-543.

[22] Deveria superar aquele preconceito psicológico em reduzir o campo da problemática afetiva e sexual o raio de ação do especialista, preconceito do qual nem sequer se livrou de todo, conforme comenta J. María Alday, a instrução *PI* quando, referindo-se à etapa prévia à entrada no noviciado, permite certamente recorrer aos préstimos de um exame psicológico, mas parece limitá-lo — reduzidamente — ao contexto do equilíbrio afetivo e sexual: *PI* 43. Cf. J. Mª Alday, "Lectura antropológica...", em M. J. Arroba, *o. c.*, p. 193.

3. Elementos ascéticos

A ascese expressa nossa participação no mistério pascal de Cristo; é o modo humano de que dispomos para avançar nos caminhos do espírito: expressa nosso compromisso de correspondência ou de acolhida ao dom da salvação, que se nos oferece, e é além disso uma necessidade indispensável na formação e na vida dos religiosos[23].

Hoje em dia a ascese não goza de boa aceitação. A maior parte das práticas tendentes a disciplinar o corpo com fins religiosos perderam, ao que parece, todo direito à cidadania dentro do âmbito cultural cristão. Percebe-se uma notável dose de desconfiança para com a ascese corpórea, embora, paradoxalmente se assiste a uma espécie de *boom* das técnicas de autoconsciência corpórea[24]. Mas a ascese tem também seu lugar na vida espiritual e deve encontrar sua expressão adequada no centro da vida religiosa e da formação.

A ascese pode apresentar-se com modalidades muito variadas. Aqui vou limitar-me a acentuar a necessidade de que se dê uma iniciação ao silêncio, à solidão e aos elementos ascéticos da vida ordinária.

a) *Silêncio e solidão*

> "O ruído extremo que é talvez o maior deteriorador do meio ambiente em nossa civilização ocidental não tem sua última origem em si mesmo mas no coração humano"[25].

Assim conclui sua reflexão sobre o silêncio uma religiosa contemplativa. E tem razão. Somente do coração do homem nasce a desordem, o anti-ecológico, aquilo que nos impede de sermos nós mesmos e estarmos em harmonia com o Criador e com toda a criação. Nesse sentido, *o silêncio* não é tanto uma medida disciplinar,

---

[23] *PI* 36.
[24] Cf. C. ROCCHETTA, *Hacia una teología de la corporeidad*, Madrid, San Pablo, 1993, p. 307ss. Diante dessa situação paradóxica, o autor se questiona como educar para uma ascese do corpo, através de uma autêntica disciplina que seja respeitosa da dignidade do corpo, mas sem chegar a uma exaltação do mesmo acima do espírito.
[25] C. KAUFMANN, "Silencio", em *DTVC*, p. 1666.

uma forma de mortificação, um exercício de voluntarismo, nem a simples ausência de palavras e de contatos humanos..., mas sim o *humus* que permite o desenvolvimento de atitudes fundamentais da pessoa (o amor, a justiça, a paz, a sabedoria, o encontro interpessoal).

O ruído nasce, pois, do coração humano. O silêncio nasce também do coração. Calar não é simples mutismo ou obrigada mudez. *Guardar silêncio* não é a mesma coisa que estar em silêncio. Anota A. López Quintás:

> "O homem pode guardar silêncio. O animal e a coisa estão necessariamente em silêncio. Somente tornam-se 'eloqüentes' quando o homem sabe ler a mensagem que sua própria existência transmite. O homem paciente e o acolhedor guardam silêncio. O homem de atitude intratável mantém-se simplesmente em silêncio. Por isso, quando se decide a falar rompe em gritos furiosos, entrega-se às formas mais violentas de ruído"[26].

Guardar silêncio, pois, não é simplesmente *estar em silêncio*. O silêncio é a plataforma que possibilita ao coração humano palpitar em seu ritmo natural, deixando ressoar a *mensagem que a própria existência transmite*. É fonte de harmonia e escola de capacitação para entrar em comunicação com os outros seres do universo e com o próprio Deus.

É esta, parece-me, uma compreensão adequada do silêncio, embora não se deva negar que conseguir o domínio da tendência para a extroversão comunicativa supõe também um considerável esforço ascético. Por isso os mestres espirituais tem encarecido sempre o cuidado que se deve ter com as palavras, como parte importante no combate espiritual e como exercício da vontade para saber calar e para saber falar no momento apropriado[27]. Mas, insisto, não é só questão de vontade. É também questão de motivação, de sentido. Atrás da capacidade do silêncio está a capacidade da contemplação, que é a essência do saber e do viver humanos. Sem essa capacidade para a admiração, a captação do sentido de globalidade e harmonia, é muito difícil falar de plenitude humana[28].

---

[26] A. López Quintás, *El encuentro y la plenitud de la vida espiritual*, Madrid, PCI, 1990, p. 49-50.
[27] Cf. G. Doig Klinge, "El silencio: una pedagogía de la voluntad", em *Vida Religiosa*, 56 (1984), p. 129-138.
[28] Cf. C. Aniz, "Tiempo para la gratuidad y contemplación (un contrapunto de la actividad febril)", em J. Mª García Prada (coord.), *Valores marginados en nuestra sociedad*, Salamanca, Ed. San Esteban, 1991, p. 166.

Irmã do silêncio é a *solidão*. Solidão não imposta, mas procurada e desejada. Solidão que é encontro consigo mesmo, descobrimento da intimidade mais profunda, contato sem interferência com o eu mais íntimo. Solidão que é condição imprescindível para interiorizar os acontecimentos que vão ocorrendo com o passar das horas e dos dias. Solidão que permite estar a sós consigo mesmo, embora às vezes torne-se duro, na mais secreta intimidade. Solidão que não é isolamento, que não é degradação, fuga, inibição, recusa dos outros, atitude doentia autista. Solidão, em resumo, que não *patologiza* mas que cura e amadurece o ser humano e o dispõe para o encontro[29]. "Silêncio e solidão — diz C. Kaufmann — são o ambiente maternal de onde deve brotar toda palavra, toda comunicação"[30].

Pois bem, não sendo dons inatos, o silêncio e a solidão requerem iniciação e treinamento. Já desde os primeiros anos da formação deve-se iniciar no silêncio e na solidão, aprender a assumi-los e exercitá-los não em vista de sua acepção exclusivamente mortificante, nem por motivos meramente disciplinares, mas em virtude dessa motivação antropológica e teológica, como provisão propedêutica para a integração pessoal e para o diálogo com os outros seres, incluído Deus.

A própria *clausura* de algumas formas de vida religiosa responde a esse sentido profundo e não tanto por outras motivações na linha da *fuga mundi* (fuga do mundo), que se foi introduzindo com o passar dos séculos, embora atualmente a clausura vá recuperando seu genuíno significado e valor[31]. Não há dúvida que a clausura material, em si mesma, tem somente uma função subsidiária. Deve estar acompanhada pela clausura espiritual ou interior — *claustrum animae* —, isto é, do controle dos sentidos, da imaginação e do coração[32], ou seja do recolhimento contemplativo. E a clausura material pode ajudar a conseguir isso.

---

[29] A solidão contribui para a maturação pessoal; ser solitário, ao contrário, conduz ao isolamento, degrada: cf. Mª T. SIMÓN, "Crecimiento y maduración", em *Misión Joven*, 263 (1998), p. 20.

[30] *O. c.*, 1657. Cf., também, A. ERALY, "El silencio, ambiente de la palabra", em *Vida Religiosa* (Boletim), 77 (1994), p. 164-168.

[31] "A clausura corresponde à exigência, sentida como prioritária, de *estar com o Senhor*. Ao escolher um espaço circunscrito como lugar de vida, as enclausuradas participam na aniquilação de Cristo mediante essa pobreza radical que se manifesta na renúncia não só das coisas, como também do 'espaço', dos contatos externos de tantos bens de criação", JOÃO PAULO II, *Vita consecrata* (Roma, 1996), p. 59. Cf., também, CONGREGAÇÃO PARA OS INSTITUTOS DE VIDA CONSAGRADA E SOCIEDADES DE VIDA APOSTÓLICA, Instrução *Verbi Sponsa* (Roma, 13 de maio de 1999), p. 3.

[32] Cf. I. M. GÓMEZ, "Clausura", em *DTVC*, p. 246.

No noviciado temos de adotar uma série de medidas que salvaguardem a existência de determinados tempos e lugares de recolhimento, de solidão e de silêncio para favorecer a consecução desses objetivos, tal como nos descrevem as próprias orientações da Igreja[33]. Mas essas medidas, não surtirão efeito se não ajudarmos a compreensão de seu sentido mais profundo. Não basta que os noviços acatem com atitude disciplinar ou, inclusive, com sentido de obsequiosa submissão e obediência certas normas. É preciso que compreendam a razão de seu ser, isto é, as motivações que estão sob este estilo de vida que procura salvaguardar a *quies*, isto é, o sossego necessário para o desenvolvimento de uma vida religiosa em toda sua dimensão. São iluminadoras a esse respeito as palavras do abade Clemente, dirigidas aos postulantes de Silos, na cerimônia capitular de tomada de hábito:

> "Vós nos pedis entrar na *quies claustri* (sossego do claustro), na vida de solidão, trabalho e caridade. 'O coração do monge — diz-nos Pedro de Celdas — deve se parecer ao do Batista resguardado do estrépito do século.' Adão de Perscigne diz-nos que nada favorece tanto a ocupação do amor como estar na solidão: 'esta forma de vida religiosa e tranqüila, isto é, a monástica, é a forma de solidão que pede o amor'.
>
> Vós nos pedis também entrar na *quies mentis*, na vida de silêncio, de ascese, de paz interior: 'o próprio do monge não são as conversações, mas o silêncio — diz-nos Gilberto de Hoyland —, sua atividade não são as disputas, mas a tranqüilidade'. Esse mesmo autor afirma que a 'graça da contemplação se concede aos humildes e aos pacíficos'; aos pacificados. A ascese tem como finalidade a pacificação interior, a *interna quies*.
>
> Vós nos pedis, finalmente, entrar na *quies contemplationis*, na vida de oração, de louvor, de desejo de Deus. Pedro de Blois diz a esse respeito: 'oxalá tenha a sorte de estar livre (*vacare*) e ver que Jesus Cristo é Deus, que é o sábado da alma que o busca, que prepara aos que o amam um tranqüilo e imperecedouro sábado"[34].

b) *A ascese da cordialidade:* idêntica atenção merecem — ao lado da correspondente iniciação — outros detalhes da vida ordinária

---

[33] Cf. *PI* 38.
[34] C. SERNA, "Vem, segue-me (Exortação do Abade)", em *Glosas silenses*, 1 (1990), p. 13.

que, ao bom observante, não passarão despercebidos e que conformam a *ascese da cordialidade*: o projeto de vida dos religiosos está impregnado de radicalismos evangélicos e, na suposição de ser fiéis a esse projeto, os religiosos vão topar continuamente com renúncias que vão implicar sofrimento, cruz voluntariamente assumida.

Na vida religiosa, naquela que também tenham lugar algumas saudáveis práticas de mortificação e de penitência, não se deve buscar esquisitas formas de ascese para acelerar o impulso para a santidade[35]. A vida ordinária depara-se já com ocasiões de renúncia e mortificação que se deve saber aproveitar em benefício da opção radical pelo seguimento de Jesus nesse gênero de vida. Os noviços podem encontrar ocasião para esse tipo de ascese nos pequenos detalhes de cada dia, na fiel execução daquilo que se lhes recomenda, no cumprimento exato do horário e da disciplina, na observância regular, nos relacionamentos com seus companheiros ou irmãos de comunidade, na aridez da oração, no domínio de suas tendências, no auto-controle nos jogos e na mesa, no aproveitamento do tempo disponível para sua formação etc. Procurarão, ao contrário, não buscá-lo em outras práticas esquisitas.

O noviço que caminha na estrada da vida ordinária, que é também, muitas vezes, vida oculta, sacrificada, trabalhosa...[36], acha ocasiões dignas de aproveitamento formativo nesta ascese do cotidiano, entrelaçado de monotonia, repetição de atos e ausência de novidades.

4. Também o tempo livre e a sã expansão são formativos

A alternância de tempos dedicados ao estudo ou trabalho, à oração etc., e outros tempos ocupados em *não fazer nada*, ou em fazer coisas aparentemente inúteis, é sábio costume da vida religiosa, correspondendo

---

[35] A esquisitice na adoção de elementos ascéticos pode indicar, quando menos, despistamento, ou busca de notoriedade. Antigamente predominavam nos noviciados recomendações de tipo ascético que pretendiam a espiritualização milimetrada dos atos de cada dia. Com a melhor intenção, essas recomendações não eram francamente acertadas. Seja suficiente a seguinte demonstração: ao se levantar pela manhã, o noviço, completamente vestido, sairá do quarto e irá lavar as mãos, o rosto e a cabeça, sem deixar de fazer isso bastante no inverno, e não se lavando demais no verão", R. Ribera, *El novicio instruido*, Madrid, Ed. e Livraria del Corazón de María, 1931, p. 83.

[36] Cf. F. Manresa, *Una larga marcha. Aprendizaje de la vida religiosa*, Santander, Sal Terrae, 1989, p. 69-74.

a uma necessidade do ser humano e que, por isso mesmo, resulta benéfica para o conjunto das atividades realizadas durante a jornada.

Um tempo dedicado à sã expansão comunitária, ao esporte, ao exercício físico, ao passeio, à leitura dos jornais ou a outra qualquer atividade que sirva simplesmente para distrair, sem outro objetivo expressamente procurado, pode ser um tempo tão necessário como necessários são o estudo, a oração, o sono e o alimento.

O documento *Congregavit nos in unum Christi amor* (o amor de Cristo nos congregou) tem umas belas palavras a propósito do tempo que os religiosos dedicam à sã expansão:

"[...] Saber celebrar festas juntos, conceder-se momentos pessoais e comunitários de descanso, sair um pouco de vez em quando do próprio trabalho, gozar com as alegrias do irmão, prestar atenção solícita às necessidades dos irmãos ou irmãs [...]: tudo isso alenta a serenidade, a paz e a alegria, e converte-se em força para a ação apostólica"[37].

O tempo dedicado à sã expansão, pois, é um tempo sagrado que deve-se guardar com tanto ou mais escrúpulo que outra atividade do dia. É um tempo pessoal e comunitário que, longe de ser vivido com remorsos, pode ser gozado com satisfação.

A atividade lúdica, a sã expansão em suas diversas expressões, tem em si mesmo sentido porque é promotora do humano, independentemente das vantagens que traz consigo e do bem que causa a outras atividades, incluídos aqui o exercício da oração e o do apostolado. O *homo ludens* emerge cada vez com mais força nas reflexões de sociólogos, antropólogos, psicólogos, filósofos e teólogos, que redescobriram o valor da dimensão lúdica do homem. Assim que a atividade lúdica não é considerada já somente como pausa restauradora, com referência ao trabalho, mas como atividade autônoma na qual alcança sua gozosa realização a pessoa, livre de condicionamentos coercitivos[38].

Além da atividade lúdica em qualquer de suas formas, é conveniente dispor de *algum tempo livre*. O tempo livre é esse espaço de tempo no qual se desfruta destas três condições:

---

[37] CONGREGAÇÃO PARA OS INSTITUTOS DE VIDA CONSAGRADA, *A vida fraterna em comunidade (Congregavit nos in unum Christi amor)*, Roma 1994, p. 28.
[38] Cf. G. MATTAI, "Tiempo libre", em *NDE*, p. 1360.

— maior *disponibilidade* (poder decidir o que fazer);
— maior *autonomia* (decidir como fazer);
— maior *gratuidade* (poder prescindir de que para fazer)[39].

Ter tempo para si mesmo significa, pois, poder decidir em algum ponto da vida o que fazer, como fazê-lo e esquecer-se de que se isso serve ou se é feito para alguma coisa... É poder ter experiência da própria liberdade numa sociedade na qual quase tudo está determinado. É poder exercer como pessoa livre também no âmbito social religioso, como o é o da vida consagrada e, em concreto, a vida do noviciado, no qual quase tudo está "atado e bem atado". Precisamente por isso é preciso dispor oportunamente de certo tempo livre, necessidade que vem sendo reinvindicada também a partir de outras palestras educativas[40].

O tempo, que "é ouro", conforme o ditado popular, não pode ser aproveitado, contudo, avaramente nem ser programado de forma milimétrica. No noviciado convém contar com algumas margens não programáveis, que se deixem à iniciativa pessoal de cada um. O dia costuma ser aberto com atos comunitários que podem chegar a cansar os jovens depois de alguns meses de caminhada ou de rodada. Deve-se saber interromper com oportunidade, apenas detectados os sintomas da fadiga, mediante a introdução de pausas oxigenadoras; resumindo, mediante um tempo dedicado ao descanso, ao ócio[41], a outras atividades de livre iniciativa.

Temos de repetir o *carpe diem* (aproveite o tempo!). Aproveite o instante, noviço! Mas aproveite-o bem, com inteligência. O sábio equilíbrio entre a dedicação às coisas sérias, ou que se entendem como tais numa comunidade formativa, e a dedicação ao descanso, a conversação amigável, ao relaxamento, ao esporte, ao tempo para si mesmo, proporciona a harmonia necessária e espanta as temidas neuroses que possam achar presa fácil no tipo de noviço demasiado reconcentrado e pouco expansivo.

---

[39] Cf. C. ARMENGOL, "Educar para hacer posible el ocio", em *Revista de Pastoral Juvenil*, 354 (1998), p. 16.
[40] Cf. J. LEIF, *Tiempo libre y tiempo para uno mismo. Un reto educativo y cultural*, Madrid, Narcea, 1992, p. 169-171; interessantes, também, as sugestões para a ação que apresenta J. J. GÓMEZ, "Perspectivas pedagógicas del tiempo libre", em *Misión Joven*, 186-187 (1992), p. 27ss.
[41] "O ócio representa [...] o retorno à plena lucidez, um momento de desintoxicação, um espaço para voltar sobre si mesmo e poder se encontrar, não com um 'eu' solitário e mecanizado, mas com um 'eu' em comunhão com tudo [...]. Uma comunhão: consigo mesmo [...], com os outros [...], com as coisas [...], com Deus", M. DÍEZ PRESA, "Ocio creativo *versus* trabajo alienante e pereza autodestructiva", em *Vida Religiosa*, 78 (1995), p. 273.

IX

ALGUMAS EXPERIÊNCIAS INTENSIVAS

"A palavra 'experiência', *empeiria* — a observação é de Ortega y Gasset —, vive da raiz *per* (nas línguas germânicas *fahr*), aparentada com 'perigo', risco, e de outro lado com 'poros' e 'portus', saída, passagem. É a idéia da viagem, da caminhada e do que é perigoso andar sem caminhos; nisso consiste originária e *radicalmente* a experiência, e por isso o empirismo é, literalmente, um "pensar com os pés."[1]

A etapa do noviciado constitui em si uma *experiência* singular na vida dos religiosos. É uma experiência que tem algo semelhante a uma viagem, que comporta uma preparação, uma saída, uma passagem por lugares difíceis não isentos de riscos.

A experiência do noviciado consiste num tempo de iniciação integral na vida religiosa. Como tal, a experiência do noviciado deixa marca — "imprime caráter" — sempre que se realiza como é devido. A experiência do noviciado emerge, como precipitado químico, do conjunto de *vivências*[2] acumuladas com o passar do tempo e é o resultado de uma sábia combinação de conhecimentos que se adquirem, de experiências, de relacionamentos, de esforços pessoais, de graças espirituais, ou moções interiores, de trabalho discernidor, de generosidade, de sombras e de luzes. Todo um conjunto de elementos que se unem para possibilitar a peculiar experiência iniciadora.

A experiência do noviciado, globalmente considerada, poderia comparar-se — salvando as distâncias correspondentes e o sentido

---

[1] ORTEGA Y GASSET (*La idea de principio en Leibniz y la evolucion de la teoria deductiva*, Buenos Aires, 1958, p. 190-194), citado por J. Marías, "Un escorzo de la experiencia de la vida", em AA.VV., *Experiencia de la vida*, Madrid, Alianza Editorial 1966, p. 114.

[2] A palavra *vivência*, muito usada — talvez com demasiada irreflexão — em nosso tempo, foi impressa pela Real Academia Espanhola somente em 1990, embora a usasse pela primeira vez J. Ortega y Gasset na tradução do alemão *Erlebnis* e significa "o fato de viver ou experimentar algo, e seus conteúdos": REAL ACADEMIA ESPAÑOLA, *Diccionario de la Lengua Española*, Madrid (21), 1992, t. II, p. 2100. *Vivência* é soma de *experiência* e *vida*, o que quer dizer que não se trata de uma experiência qualquer, mas de uma experiência verdadeiramente interna, perdurável, isto é, que deixa marca na pessoa, que marca e imprime um novo impulso à vida.

que agora mostrarei — àquilo que se chamou a *experiência da vida* (essa que não se possui, normalmente, até que a pessoa atinja certa "altura da vida"), isto é, aquela experiência que torna sabedoria adquirida não por ter estudado ou aprendido, não por via intelectual, mas por via existencial, por esse ir acontecendo no decorrer da própria existência[3]. Há experiências que uma pessoa goza, ou padece, sem que apenas tome consciência reflexa delas, e, contudo, configuram sua identidade e condicionam poderosamente seu futuro. Nelas incluiria as experiências da primeira infância, tão determinantes. Assim também acontecem outras experiências que, sem mesmo darmos conta, vão cinzelando nossa personalidade em etapas evolutivas depois da infância.

Mas as experiências podem ver potenciado e pilotado seu influxo, quando intervém a *reflexão pessoal*. Então, as experiências não correm o *perigo* de se dissipar e se perder no redemoinho do simples acontecimento mas que se torna *nossa vida*:

"Todo viver — dizia Ortega — é viver-se, sentir-se viver, saber-se existindo; onde saber não implica conhecimento intelectual nem sabedoria especial alguma, mas que é esta surpreendente presença que sua vida tem para cada um"[4].

Sem essa capacidade reflexiva, as experiências perdem seu fundamento. Sem essa tomada de consciência pessoal o noviciado transcorre porque o tempo passa, mas não se pode afirmar que alguém tenha vivido o noviciado. A passagem dos dias, com suas luzes e sombras, torna o noviço, acostumado à reflexão, progressiva e gradualmente em pessoa mais enriquecida, mais madura, mais apta para chegar a ser membro de pleno direito em sua família religiosa.

Por outra parte, apresso-me em esclarecer, a experiência unitária do noviciado, embora sendo fundamental, não é senão uma experiência relativa, sujeita como está ainda a ulteriores contrastes, uma vez que a formação e a vida continuam.

---

[3] Cf. J. L. ARANGUREN, *El buen talante*, Madrid, Tecnos, 1985, p. 72-73.
[4] J. ORTEGA Y GASSET, *Unas lecciones de Metafísica*, em P. GARAGORRI (ed.), Madrid, Revista de Occidente em Alianza Editorial, 1993, p. 36.

Agora interessa, contudo, entrar na consideração de algumas experiências formativas especiais que podem integrar-se nessa experiência global do noviciado. Trata-se de experiências particularmente significativas, comparáveis, em algum sentido, às *experiências-cume* da qual fala A. Maslow. Este psicólogo[5] desenvolveu o conceito dessas experiências, entendidas como momentos privilegiados que acontecem na vida de uma pessoa, nos quais se manifestam fortemente sua própria identidade e capacidade criadora. Permito-me falar, conforme isso, de algumas experiências formativas, assimiladas de certa maneira por essas *experiências-cume*, enquanto que são ocasião intensiva e privilegiada do cultivo e fomento da expressividade criativa dos formandos. São essas ocasiões especiais que atuam como detonadores de *identidade aguda*, diria o próprio Maslow.

Creio que durante o noviciado poder-se-ia fazer algumas experiências especiais para intensificar a experiência global dessa etapa formativa, tirando dela mais suco. Essas experiências devem revestir-se de uma modalidade eminentemente operativa, o que as converte em instrumentos valiosos de contraste e por sua vez são complemento prático e vivencial para o estudo dos conteúdos teóricos. Mas o que disse antes a respeito da experiência global do noviciado o repito também em relação com cada uma das experiências particulares e intensivas que agora proponho: de pouco servem se a pessoa não se interessa pelo assunto e se não se compromete de verdade. A experiência, para ser verdadeiramente enriquecedora, exige capacidade reflexiva e compromisso pessoal. O fruto que se colhe na experiência é maior precisamente pela capacidade da consciência reflexiva e da implicação que a pessoa tem.

E vamos passar já a expor essas experiência intensivas. Algumas famílias religiosas têm, certamente, uma longa tradição no emprego de uma metodologia que conta com esse tipo de experiências. Por exemplo, a Companhia de Jesus convida seus noviços a reviver no transcurso dos dois anos de noviciado as etapas fundamentais do itinerário inaciano — com as atualizações pertinentes—

---

[5] Cf. A. MASLOW, *El hombre autorrealizado. Hacia una psicología del ser*, Barcelona (8), Ed. Kairós, 1989, p. 109ss.

através de experimentos, como o mês de exercícios espirituais, o mês longo de atenção aos enfermos, a experiência de peregrinação, vivendo de esmolas, o exercício nas tarefas humildes da casa e a atividade apostólica, catequética e pastoral[6].

Irei expor, em seguida, algumas dessas etapas experienciais. Não são, afirmo logo, não são as únicas possíveis, e reconheço que seu alcance formativo é desigual.

1. Experiência de ruptura

Começo expondo uma experiência de signo aparentemente negativo: *a ruptura*. Em que consiste essa experiência?: em romper, deixar, dizer não, dizer *adeus*...[7]; partir do nada para chegar ao todo, queimar os navios da travessia oceânica para evitar a tentação de volta para trás. Numa palavra, trata-se de romper com alguma coisa. A ruptura é a experiência inicial necessária que possibilita realizar sucessivas experiências, dar novos passos na caminhada; é a morte que dá lugar à vida. O noviço, se não fez isso antes, já no período do postulantado ou pré-noviciado[8], tem de se decidir agora a romper com algumas realidades que pertencem a outro mundo: ao mundo de onde veio e que, de alguma forma, deixou.

A ruptura afeta a mortificação de certos hábitos pessoais, a interrupção total ou ao menos temporal de alguns relacionamentos, o controle das amizades, o abandono de determinados usos, liberdades, costumes. A ruptura, ou desprendimento, atinge também a própria família, o grupo eclesial de onde se saiu, a vida profissional, as atividades etc., com os pormenores de cada caso.

---

[6] Cf. F. Tata, "Un proyecto de vida: noviciado jesuita de Frascati", em AA.VV, *Formación para la vida religiosa. Del noviciado a la profesión perpetua*, Madrid, Ed. Paulinas, 1984, p. 260-263. Cf. também J. Dravet, "Les expériments au noviciat jésuite", em *Vocation*, 291 (1980), p. 382-386; Id., "El noviciado, iniciación a la vida religiosa", em *Vida Religiosa* (Boletim), 13 (1993), p. 388-393; A. Demoustier, "L'expérience d'un noviciat jésuite", em *Études*, (1983), p. 683 692.

[7] J. A. García-Monge explica o que em termos psicológicos significa a ruptura e a eleição no seguimento de Cristo: eleger supõe saber dizer *adeus* a muitas realidades pessoais e culturais que dificultam esse seguimento; e supõe saber dizer *ótimo* a outras realidades, saber acolher acontecimentos de uma maneira pessoal e personalizante, saber o que queremos e para que direção caminhamos..., cf. "El seguimiento de Jesucristo como vocación: dimensiones psicológicas", em J. M. García-Lomas e J. R. García Murga, (eds.), *El seguimiento de Cristo*, Universidad Pontificia Comillas-Madrid, PPC, 1997, p. 273ss.

[8] Cf. "Postulantado" em *DTVC*, p. 1402-1403.

Será necessária uma experiência de ruptura drástica? É possível que em casos particulares se tenha que agir com certa drasticidade. O radicalismo evangélico não aconselha adotar meias medidas. Contudo, se for possível evitar proceder desta maneira, é preferível. Mas certa experiência de desprendimento é inevitável e esse é o preço da ruptura para quem opta pela pérola preciosa, por Deus, a quem se descobre como *único necessário*.

Nesse momento da formação realiza-se o primeiro aprendizado da pobreza, da castidade e da obediência, virtudes cuja vivência afeta importantes dimensões da pessoa e que serão objeto da consagração religiosa ao terminar o noviciado O ideal para o qual se volta a formação (embora contando com que não se conseguirá alcançar senão muito tardiamente) é que essas virtudes sejam vividas com sentido positivo, integradas como bem da própria pessoa e como dom gratuito que o Senhor oferece. Mas, no começo, se vivem de uma maneira mais negativa e mortificante. Concretamente: de algum se exigirá a renúncia a seu cartão de crédito ou talão de cheques com tudo o que representa de autonomia econômica e de poder social; a outros se pedirá cortar os laços próprios de alguns relacionamentos afetivos: àquele se requererá a renúncia a seus projetos pessoais. Fazer essas rupturas é doloroso, porque são produzidas através de algumas realidades bem concretas. Realizam-se, dito com crueza, "com o cutelo carregado de história"[9].

A ruptura supõe pôr na tela do julgamento algumas realidades, submetidas a crises, e desprender-se de coisas que significaram muito para a pessoa, tanto espiritual como afetivamente:

> "[...] Pode muito bem supor distanciar-se de algumas concepções, modo de ver, de agir e de orar que estiveram muito vinculados no início da vocação, que nos primeiros momentos se viam com grande clareza e entusiasmo, que inclusive nos sustentaram e nos levaram adiante. É o caso de não poucos que precisam romper interiormente com os movimentos que os precedem — Jesus provinha possivelmente do movimento do Batista — para passar a pertencer realmente à congregação...."[10].

---
[9] J. Dravet, *El noviciado*..., p. 389.
[10] G. Uríbarri, "En el desierto de la formación", em *Sal Terrae*, t. 82/9 (1994), p. 693.

A experiência dessas rupturas, por dolorosas que possam vir a ser, torna-se um prato delicioso, benéfico para o noviço porque significa a superação de uma etapa no processo da entrega total de sua pessoa.

Cabe perguntar sobre o papel que a instituição formativa — o mestre e seus colaboradores — pode desempenhar aqui com o fim de favorecer e acompanhar essa experiência. Diria que, em princípio, não se deve economizar ao noviço o esforço de se decidir a realizar essas rupturas. A ele compete provar a amargura da renúncia. Há ocasiões que se deve ser tolerante, inclusive, com exagero na ruptura: algumas pessoas não se decidiriam nunca a realizá-la se não suportasse certo grau de heroísmo. Os "panos quentes" não são, pois, para essas ocasiões.

Contudo, o caráter mortificante da experiência, que se vive como tal e, por conseguinte, sem o gozo da gratuidade (talvez reservado para outro momento) e sem a compensação que caberia se esperar, como prêmio à generosidade outorgada, obriga os formadores a manter um acompanhamento solícito, estimulante e compreensivo, que sirva de apoio e que ajude o noviço a crer esperançosamente no que ainda não aparece como valioso nem merecedor de apreço ante seus olhos.

2. Experiência viva de Deus (vida de oração e espiritualidade intensas)

Essa experiência é particularmente forte e insubstituível. É evidente que a vida do noviciado contrasta com a vida que os jovens levaram antes de seu ingresso no instituto religioso, inclusive nos casos de candidatos que percorreram um itinerário de pré-noviciado. Com as normais resistências e dificuldades do princípio, acostumam, contudo, conseguir acomodar-se ao novo ritmo de vida e em poucas semanas se acostumam geralmente ao horário, aos costumes, às orações repetitivas... Mas a relativa acomodação a esses usos próprios da vida religiosa não é, sem mais nem menos, garantia de nada. Precisa-se, então, deixar de lado a rotina e conseguir submergir de cheio na correnteza da espiritualidade, na "experiência viva de Deus". É esta uma experiência mística que não se aprende nos livros, mas submergindo-se em si mesmo e na realidade de Deus, como quem se submerge no mar, e fica preso àquilo que não pode conhecer e experimentar[11].

Não será aquilo que o noviço aprende nos livros, nem somente aquilo que ouviu através de pessoas de reconhecida autoridade, mas aquilo que ele pessoalmente pode experimentar e viver, em especial essa aproximação de Deus, aquilo que vai fundamentar sua segurança no futuro quando, no meio das crises e dificuldades, recordar essa "experiência básica", essa experiência forte da passagem de Deus que deixou marcas em sua vida.

A experiência de Deus não é exclusiva dos contemplativos, nem se esgota nos momentos expressos da oração. O noviço deverá aprender a cultivar uma espiritualidade intensa em todas as circunstâncias, isto é, no desenvolvimento ordinário da vida, sabendo intuir a passagem de Deus em cada acontecimento, sua divina presença, adivinhando suas pegadas, captando sua mensagem providente. Deverá aprender durante o noviciado a se encontrar com Deus através do cotidiano. K. Rahner falava em várias passagens de seus livros da experiência de Deus na vida ordinária, e a isso ele chamava de *mística do cotidiano*[12]. Assim o noviço deve adquirir um estilo de vida orante que o capacite para sintonizar com o humano e com o divino no cotidiano: ter experiência de Deus em qualquer lugar, em qualquer momento, em qualquer situação, diante de qualquer sucesso, por grande ou insignificante que pareça[13].

Para favorecer que os noviços se decidam a submergir-se mais a fundo na vida espiritual como experiência de Deus, evitando a superficialidade enganosa, podem-se arbitrar algumas medidas, como as seguintes:

---

[11] A experiência *luminosa* ou de adestramento na própria interioridade vem valorizando-se como passagem prévia ao encontro religioso, à experiência mística, cf. R. NAVARRETE, *El crecimiento personal. Crecer como persona, crecer como creyente*, Madrid, San Pablo, 1997, p. 67ss.

[12] Conforme relata J. MARTÍN VELASCO, "Itinerarios del hombre contemporáneo hacia Dios", em J. L. CORZO (dir.), *Escuchar el mundo. Teólogos y educación*, Madrid, PPC, 1997, p. 74.

[13] Deverá o noviço aprender a "fazer respiradouros" na vida, isto é, a encontrar respiradouros para sua espiritualidade nas várias circunstâncias do acontecimento diário, cf. A. GARCÍA RUBIO, "Perforar la vida. Un modo de encontar y orar a Dios", em *Sal Terrae* t. 86/11 (1998), p. 879-896.

2.1. Oficinas de oração

Sob esse nome pretendo incluir o aprendizado prático de diversas formas de oração. Algumas jornadas consagradas ao ensaio de técnicas de relaxamento e a aquisição de hábitos de oração, meditação, contemplação, repetição de frases e melodias tipo Taizé etc. É importante que não predominem os elementos teóricos, embora seja necessário fazer as introduções correspondentes; pode-se tratar de um cursinho regular, nas deve prevalecer, em todo caso, a exercitação prática que habilite para realizar depois com proveito a oração.

2.2. Experiência de deserto

Essa experiência não deve ser confundida com os dias de retiro espiritual ordinários, mas que consiste em outra coisa: experimentar a desnudez, o desprendimento, o vazio, a carência de todo apoio humano, inclusive espiritual, para lançar-se na busca de Deus. Supõe sair do próprio território, deixar os relacionamentos, as comodidades, as seguranças..., e adentrar-se nesse novo espaço que é o *deserto*, a solidão, o contato com o mais elementar, para que se despertem as necessidades essenciais abandonando as fictícias e ocupando o coração somente em Deus[14].

Várias jornadas de deserto, nas imediações da casa do noviciado, no monte ou em qualquer outro lugar solitário, supõem a interrupção do ritmo habitual e a suspensão dos atos comunitários (conversas, reuniões, oração em comum, refeições em comum etc.) para favorecer precisamente em cada pessoa a reação de suas aspirações mais íntimas, o despertar daquela necessidade fundamental do Absoluto quando se experimenta a fraqueza e a impotência humanas. O deserto desperta a sede do Deus vivo. Pouco se necessita para essa experiência: a Bíblia, talvez algum sinal religioso, um pequeno alforje para o modesto sustento de cada dia, a natureza, a si mesmo... e Deus!

---

[14] Cf. S. de FLORES, "Desierto", em *NDE*, p. 346.

2.3. Jornadas de espiritualidade congregacional

Não se tratam de alguns exercícios espirituais propriamente ditos. São alguns dias dedicados de maneira intensiva ao estudo e à oração em torno dos núcleos essenciais do carisma fundacional: convertendo, por exemplo, em oração os textos constitucionais, compartilhando fraternalmente a reflexão e a experiência pessoal em relação aos pontos nevrálgicos do carisma e da missão do instituto; repassando o itinerário vocacional do fundador ou da fundadora, buscando a sintonia com a própria experiência vocacional etc.

O que faz que essas jornadas de espiritualidade possam ser um experimento útil e determinante, quanto à marca que deixe nas pessoas que o realizam, é que se procura reunir, de forma intensiva e simultânea, o conhecimento dos núcleos fundamentais do patrimônio espiritual do próprio instituto, mediante a leitura, o estudo, a reflexão..., e a espiritualidade, mediante a oração e aplicação à vida pessoal e comunitária.

Poderiam organizar-se essas jornadas, por exemplo, em torno *das constituições*: as constituições, que depois da renovação conciliar não são consideradas tanto como livro de leis quanto como livro de vida e espiritualidade e como expressão da consciência sobrenatural que uma congregação tem de si mesma[15], não podem ser para nenhum religioso — tampouco para o noviço — puro objeto de conhecimento intelectual ou de exame crítico. É preciso que se converta no livro básico e imprescindível de sua vida e de sua oração. A experiência de *orar as constituições*, em particular e na companhia dos irmãos, pode ser um bom caminho para encontrar-se com a própria identidade carismática e para conseguir uma assimilação vivencial das mesmas[16].

A seguinte experiência formativa da qual vou falar é abundante nesse propósito de conseguir expressamente uma adequada identidade carismática e uma boa identificação com o espírito do próprio instituto.

---

[15] Cf. S. Mª Alonso, *La utopía de la vida religiosa. Reflexiones desde la fe*, Madrid, PCl, 1982, p. 191; cf. J. Álvarez, *Las Constituciones, libro de vida*, Madrid, PCI, 1986, p. 32.

[16] Magníficos exemplos de leitura oracional a partir das constituições encontramos em M. Díez Presa, *Lectura teológica y oracional de las Constituciones*, Madrid, PCI, 1990, p. 163-214.

3. Experiência do "batismo na espiritualidade do instituto" (mistagogia carismática)

O noviciado tem a iniludível finalidade, enquanto instituição formativa que é, de transmitir às novas gerações a tradição religiosa da congregação. Aqui origina-se um processo de iniciação carismática e se produz um fenômeno de socialização religiosa.

Quando o jovem aspirante "aterriza" na comunidade religiosa chega sendo portador de um germe vocacional que, somente a partir do processo inicial que se desencadeia, começará a desprender suas energias vitais. O êxito desse processo apóia-se no fato de se pôr em marcha algumas adequadas relações entre a pessoa e a comunidade. O processo de iniciação supõe, certamente, o compromisso de implicação pessoal por parte do sujeito vocacionado e, simultaneamente, implica o compromisso do instituto, enquanto pólo iniciador, materializado na comunidade formativa, que desempenha uma função mistagógica no carisma-espírito congregacional. Há quem descreva esse processo como uma *negociação da identidade*[17], no sentido de que o indivíduo tem de se encontrar no seio do instituto sendo autenticamente ele mesmo, embora haja aspectos de sua própria personalidade e modo de ser que devem ficar, logicamente, tocados para chegar a se conformar segundo o carisma da congregação.

Dentro desse contexto iniciador transmite-se a tradição religiosa do próprio instituto e o estilo específico de vida a que o noviço está chamado a adquirir através da plena participação no carisma fundamental. Produz-se um fenômeno de socialização[18]. Mas há momentos e ações especiais que têm uma força mistagógica explícita. Refiro-me àquelas iniciativas e atividades formativas encaminhadas *ex professo* a favorecer o conhecimento e o desenvolvimento do mais peculiar daquilo que é próprio do instituto, do espírito e da missão específica. Vou detalhar algumas delas, começando por fazer uma avaliação da linguagem ritual e simbólica, como veículo importante de transmissão nesse processo "batismal", iniciador.

---

[17] Cf. G. URÍBARRI, *o. c.*, p. 705.
[18] Cf. A. GONZÁLEZ, "Noviciado hoy para la vida religiiosa de mañana", em J. ÁLVAREZ (dir.), *Formar hoy para la vida religiosa de mañana* (Semanas de Vida Religiosa 20), Madrid, PCI, 1991, p. 130ss.

3.1. A linguagem dos ritos e símbolos no processo iniciador

A linguagem ritual e simbólica, como instrumento comunicativo humano, não caiu de moda. Contrariamente ao que se poderia pensar, em vista do fenômeno da secularização de nosso mundo, continuam surgindo da sociedade práticas rituais diversas, arcaicas ou novelescas, com ocasião de festas periódicas, tanto religiosas como civis. Essa persistência dos ritos na vida do homem — animal social, animal ritual — pode estar indicando a importância fundamental dos mesmos para a vida humana, à margem de sua compreensão religiosa no ambiente de uma determinada confissão de fé. E. Erikson, partindo de uma perspectiva psicológico-social, situa a ontogênese do fenômeno ritual no mesmo processo de crescimento e de socialização do ser humano. Afirma que já desde a etapa pré-verbal da criança intervém a ritualização no intercâmbio ou relacionamento que se estabelece entre a mãe e o filho. E esse mesmo fenômeno reafirma-se posteriormente mais e mais na medida em que se desenvolve o ser humano e aumentam seus relacionamentos em todas as direções. Quer dizer, que o processo de ritualização acompanha o crescimento vital da pessoa[19].

No processo de iniciação para a vida religiosa de uma congregação, o processo de ritualização tem também sua importância. E já não se trata única nem principalmente da iniciação teórica e prática ou celebrativa na variedade de formas rituais litúrgicas próprias da tradição dos institutos[20], mas que se trata de algo mais elementar: o processo de ritualização em si mesmo, pelo qual se coloca em jogo a integração dos novos membros, em virtude do intercâmbio dialógico que se produz em diversos níveis — verbais e não verbais — entre a instituição e os formandos.

Do ponto de vista pedagógico parece, portanto, imprescindível cuidar com esmero as formas desse intercâmbio ou diálogo: as palavras, os comportamentos, os gestos, os costumes, os símbolos, os ritos... A tradição e o espírito do fundador/a não se transmitem por simples comunicação verbal mas que passam, sobretudo, pela vida do relacionamento vivo, diário, impregnada dos acontecimentos,

---

[19] Cf. S. MAGGIANI, "Rito/ritos", em *NDL*, p. 1743ss.
[20] Conforme a *PI* 77.

das palavras, dos costumes, dos usos, das referências ao passado histórico das figuras e modelos que encarnaram o espírito fundacional, o estilo característico da própria família religiosa, as fórmulas tradicionais que expressam com propriedade determinados traços da espiritualidade da congregação, as constituições e regras, os ícones, as fotografias expostas, os documentos ou textos do fundador/a, as datas significativas, as celebrações periódicas e todos aqueles elementos que intervêm no processo da ritualização.

Nem é preciso dizer que esse processo se intensifica quando a ritualização se ativa através de algumas experiências expressamente pensadas *ad hoc*, como por exemplo, quando se celebra o rito de iniciação do noviciado na presença da comunidade toda; quando se faz entrega, com certa solenidade, no transcurso de uma celebração paralitúrgica, do texto das constituições que os noviços devem ler e praticar; quando se realizam atos formativos nos quais determinadas insígnias do instituto são exibidas com certa solenidade etc. Permito-me introduzir aqui, a esse respeito, como exemplo, uma anotação pessoal: há anos, numa visita que fiz à igreja dos carmelitas, em Segóvia, pude ser testemunha de um ato que, conforme meu parecer, se insere nessa linha do processo de ritualização ao qual estou aludindo. O mestre de noviços estava dirigindo a estes uma palestra ou meditação sobre a espiritualidade da ordem diante do próprio túmulo de João da Cruz. Os noviços rodeavam o sepulcro do santo.

3.2. Peregrinações aos "santos lugares" do instituto

O termo *peregrinação* aqui empregado significa, sem dúvida, o gesto ou ação de caminhar até um lugar sagrado, mas evoca também a idéia do rito processional, pelos elementos formando um grupo ou comunidade que caminha partindo de um mesmo lugar, contando com um regulamento preciso, dirigindo-se a uma meta bem definida e enriquecendo a caminhada com valores celebrativos ou religiosos, além de os de caráter emotivo. Não se trata, pois, de uma simples visita turística.

É aconselhável, durante o noviciado, a visita ou peregrinação àqueles lugares de particular importância carismática sempre que as circunstâncias o permitam, porque neles se experimenta com maior viveza a presença do espírito do fundador/a e das primeiras pessoas que o herdaram e que deram o primeiro impulso à tradição congregacional. Há lugares que são *santos*, enquanto que parecem ter poder para despertar uma maior fidelidade à graça vocacional recebida; a casa natal dos fundadores, o local onde repousam seus restos mortais, a casa mãe do instituto, o lugar onde se fundou a congregação, as cidades ou localidades, igrejas, hospitais, escolas, instituições, objetos e outras recordações... Isso quer dizer, toda realidade com a qual entrou em contato significativamente o instituto, ali onde exerceu seu ministério apostólico ou onde deixou marcas de sua abnegação e caridade.

Apraz dizer que a visita a esses lugares institucionais não produz ressonâncias carismáticas de forma automática, como pelo simples fato de "chegar e beijar o santo". Requer-se uma preparação espiritual e psicológica, precedida do estudo sério do carisma congregacional e de um elementar conhecimento da biografia do fundador/a. Boa parte do êxito da visita vai depender da *mística* que se crê e de uma organização que permita ao grupo saborear pouco a pouco, reflexivamente, aquilo que se vê e se apalpa. Convém, também, oferecer durante a visita a oportunidade de compartilhar entre todos as vivências que esses tipos de experiências provocam, além de celebrar atos de piedade e de comunhão com o espírito dos fundadores. Essas condições aconselham sua realização no momento preciso em que se possa assegurar aquele fruto espiritual que justifique empreender essa experiência, provavelmente transcorridos já alguns meses desde o início do noviciado.

3.3. O contato com outras pessoas do instituto

Embora seja certo que a etapa do noviciado não seja a mais indicada para que os noviços perambulem indiscriminadamente de um lado para outro, uma vez que é preciso que durante essa etapa formativa haja algumas suficientes condições de estabilidade que permitam o desenvolvimento espiritual de maneira séria e tranqüila[21], não é menos certo que determinadas visitas a algumas comunidades do próprio instituto

---

[21] Cf. *PI* 50.

possam contribuir de modo eficaz para completar a formação dos noviços. Essas visitas favorecem o contato com outros membros da mesma família religiosa e oferecem ocasião para conhecer *in loco* as diversas *posições* nas quais se desenvolve a missão do instituto.

É claro que naqueles institutos religiosos dedicados totalmente à contemplação, particularmente tratando-se de monjas de clausura, a ação de visitar outras comunidades ou não é possível ou não tem o objetivo que, em outros casos, facilmente se vê e que justifica essas saídas da casa do noviciado. Compreende-se com facilidade, porém, em se tratando dos institutos chamados de vida ativa. As visitas às comunidades das proximidades favorecem a familiaridade entre o grupo de noviços e os professos da congregação, da província religiosa etc. Oferece-lhes a oportunidade de se conhecerem mutuamente. Situa com maior realismo os noviços no seio da instituição à qual proximamente vão pertencer como membros de pleno direito. Dá a conhecer os projetos, as atividades, obras, trabalhos, ministérios etc., que os membros integrados do instituto realizam. A utilidade dessas visitas, por conseguinte, parece óbvia.

Mas as visitas não somente se fazem, mas também se recebem. A comunidade do noviciado poderá receber, com sentido hospitaleiro e fraterno, os irmãos que chegam, às vezes para reconfortar-se espiritualmente durante alguns dias de retiro, às vezes para descansar do trabalho apostólico etc. E poderão os noviços beneficiar-se com a presença dos irmãos, de seu testemunho pessoal e de sua experiência de vida. Quantos temores e inseguranças podem afastar dos noviços os testemunhos vivos daqueles que estão na vanguarda das atividades do instituto e passam — casualmente, providencialmente, pela casa do noviciado! Essas mediações fazem parte também da mistagogia carismática. São como o "boca a boca", que insufla nas novas gerações a vida da tradição congregacional.

4. Experiência da atividade apostólica[22]

Os institutos cuja missão é o apostolado não podem considerar este como um acréscimo a seu próprio espírito ou como um simples

---

[22] Indico o comentário que fez ao n. 47 do *PI* em A. SANZ (dir.), *Camino de formación...*, Madrid, PCI 1991, p. 222-223.

apêndice do mesmo ou, menos ainda, como uma concessão à sede de atividade externa que alguns religiosos têm. O apostolado, nesses institutos, é parte integrante do carisma e, portanto, não pode ser divorciado da espiritualidade nem ser simplesmente tolerado como um mal menor.

Incluir já o exercício do apostolado — não somente a preocupação ou o interesse apostólico — no projeto formativo do noviciado, como complemento para a formação, pode ser uma experiência muito positiva que, além disso, vem recomendada pela própria legislação eclesial, embora com caráter optativo, ficando seu estabelecimento à regulação das constituições[23]. Mas considero que a atividade apostólica é, antes de tudo, uma exigência que brota de dentro, em especial quando o ingresso na vida religiosa foi impulsionado por motivações claramente transcendentes, se não, explicitamente apostólicas. O noviço deve chegar a sentir o apostolado como uma necessidade de expressar o Senhor, a quem procura seguir na radicalidade de vida e por quem quer empenhar toda sua existência. Sendo assim, como vai calar, deixar de fazer, prescindir de comunicar — de uma ou de outra maneira — essa experiência de graça aos outros?

De fato, os próprios jovens formandos, sobretudo nos institutos de vida apostólica ativa, experimentam como uma necessidade viva e urgente entrar em contato real com o povo, conhecer de perto as pessoas e apalpar as situações da atuação nas quais terão de se desenvolverem no futuro. Certamente, as motivações podem ser diversas em cada pessoa, e até serão muitas vezes suscetíveis de purificação. Mas essa necessidade sentida reclama também uma oferta, no plano formativo, orientada a cultivar a abertura, o diálogo, a comunhão através de experiências pastorais, apostólicas, assistenciais etc., qualificadas e que estejam em sintonia com os valores carismáticos da própria família religiosa[24]. Vale isso também para os noviços?

A instrução *Renovationis Causam*, do ano de 1969, tinha já considerado a possibilidade da realização, durante o noviciado, de "uma atividade formativa", assim era chamada pela instrução, en-

---

[23] Cf. *CDC* 648,2.
[24] Cf. F. Ciardi, "Los religiosos jóvenes y su formación apostólica", em *Confer* 33 (1994), p. 278ss.

tendida como um período de experimentação nas atividades e no gênero de vida próprio do instituto, com o objetivo de completar a formação do noviciado[25]. Uma vez que esta práxis introduzida não significava algo totalmente novo na legislação canônica eclesial[26], mas que, porém, significava uma novidade na maneira de apresentar essa atividade, isto é, a *Renovationis Causam* falava dessa "atividade formativa", não somente permitindo-a, mas recomendando sua colocação em prática: incluía-a no decurso mesmo dessa etapa formativa, e dava a entender que se realizaria fora da casa do noviciado. A novidade estava aí[27].

A instrução *Potissimum Institutioni*, mais recente (1990), em consonância com a anterior instrução *Renovationis Causam* matiza, falando dessa experiência, que a finalidade buscada com essas atividades apostólicas durante o noviciado não é a capacitação técnica e profissional para o apostolado, mas ensinar aos noviços conseguir aquela "coerente e harmoniosa unidade que deve existir entre a contemplação e a ação apostólica"[28]. Quer dizer, a finalidade é, antes de tudo, *formativa*[29].

Não se torna difícil, por outra parte, justificar partindo dessa finalidade o exercício do apostolado, em qualquer de suas formas durante o noviciado. Pode-se considerar, com efeito, um *autêntico meio de formação*[30], que abrange muitas facetas: contribui para que o noviço tome consciência do serviço eclesial que presta aos homens, para que se sinta "enviado", útil e necessário, para que aprenda a trabalhar apostolicamente em colaboração com os demais noviços e com outras pessoas, para que observe a presença real do pecado no mundo e que perceba com maior realismo a dureza da

---

[25] Cf. *RC* 5, 23-25.
[26] Cf. A. Diéz, "De activitate formativa", em *Commentarium pro Religiosis*, 48 (1969), p. 132.
[27] Cf. Id., *o. c.*, p. 136.
[28] *PI* 47; *RC* 5.
[29] Com a luz verde dada pela anterior instrução *Renovationis Causam* à realização de algumas "atividades formativas" durante a etapa do noviciado, já se detectou certa falta de compreensão por parte de alguns como se somente se tratasse de atividades encaminhadas a romper a monotonia do noviciado ou para conseguir uma capacitação técnica etc., quando na realidade tratava-se de oferecer novas possibilidades que contribuíssem para fazer emergir e crescer as disposições fundamentais requeridas para seguir a Cristo e participar em sua missão. Cf. P. Molinari, "Le tappe iniziali della formazione. II. Il Noviziato: introduzione ed iniziazione al modo di vivere di Cristo", em *Vita consecrata*, 6-7 (1982), p. 385-397.
[30] Cf. F. Sanfelíu, "La actividad apostólica dentro del cuadro formativo del noviciado y como medio de formación" em *Confer*, 19 (1974), p. 12ss.

vida etc. Essas vantagens formativas poderiam aconselhar, sem mais, a adoção dessa experiência apostólica durante o noviciado. Pois bem, deveria se levar em conta, de qualquer modo, sujeito às condições que aponto mais adiante. A atividade apostólica pode realizar-se durante o noviciado com as seguintes *modalidades*:

— ou então por períodos temporais de relativa duração (por exemplo, com uma duração oscilante entre uma semana e dois meses, de maneira contínua ou descontínua etc...);

— ou então por períodos mais breves intercalados ao longo da etapa (por exemplo, consagrar algumas horas semanais a determinadas ações apostólicas).

Quando se opta pela primeira das alternativas (participando, por exemplo, em atividades apostólicas organizadas, tais como missões populares ou outras campanhas missionárias, ou por ocasião da Semana Santa etc., ou então, pela mudança durante um tempo a um lugar de missão, de atividade congregacional, de periferia etc.) deve-se ter em conta a necessidade de se ater ao prescrito pela Igreja no que se refere à integridade dos doze meses de permanência na comunidade do noviciado[31].

A outra alternativa, contudo, levar a cabo esse exercício do apostolado sem interromper — nem, por conseguinte, ter a necessidade de se suprir depois — o tempo de noviciado. A colaboração nas tarefas catequéticas paroquiais, ou em outras atividades de evangelização, pode realizar-se tendo como plataforma fixa a comunidade ou casa de noviciado, de onde se parte e para onde se volta uma vez concluídos aqueles exercícios.

Em quaisquer das modalidades escolhidas — toda vez que as constituições dêem sinal verde para essas experiências de apostolado — interessa sobremaneira que os exercícios se realizem sob estas *condições*:

---

[31] Cf. *CDC* 648, 1, e *PI* 47. Deve-se salvar a integridade dos doze meses mas não necessariamente a continuidade dos mesmos, que sim exigia, ao contrário, o *CDC* de 1917, c. 555, 1. Cf. E. GAMBARI, *Il noviziato nel nuovo Codice*, Roma. Rogate, 1985, p. 71. É claro que essa questão não se apresenta ali onde o noviciado se realiza com uma duração de dois anos, como vem ocorrendo em muitos institutos, sobretudo femininos.

— que sejam precedidas de conveniente *preparação*;
— que se realizem acompanhadas de uma assídua *oração*;
— e que sejam seguidas de uma *avaliação* séria.

1. O apostolado é, em si, uma atividade eclesial que requer uma *preparação* responsável. Por isso mesmo, não basta a boa vontade nem a improvisação. Precisa-se de uma adequada base doutrinal e pedagógica no campo catequético, litúrgico etc. Não basta dizer que os destinatários são gente simples, talvez crianças. A acomodação a estas pessoas exige maior preparação e capacidade de sintonia, e não poucas vezes se experimentará a tentação da inconstância ou do abandono, riscos que devem ser previstos com antecedência.

2. A *oração* constante — oração apostólica — e a referência a Cristo Evangelizador serão o apoio seguro no qual os noviços acharão fortaleza, crescente motivação e alento.

3. Por último, a *avalia*ção da própria ação apostólica levada a termo, tendo presentes os objetivos prefixados, os conteúdos e os métodos empregados (o que se realizou, com que pessoas, circunstâncias, como, quando etc.). Essa avaliação, realizada pessoal e comunitariamente com periodicidade, prestará atenção às seguintes qualidades no exercício do apostolado[32]:

— a *constância* com que se pratica;
— a *sensibilidade* que se tem diante dos destinatários;
— e nível de *gratuidade* com o qual se acompanha o apostolado, e que se mede pela capacidade de enfrentar as experiências difíceis, aquelas que não oferecem nenhuma satisfação pessoal.

A avaliação terá em conta, acrescentando-se, em que medida a experiência apostólica contribui de fato para a maturação dos noviços, uma vez que no noviciado o exercício do apostolado se reveste, antes de tudo, de caráter de complementação formativa. Além de ser, pois, um serviço de colaboração na extensão do Reino de Deus e um ensaio ou uma antecipação do apostolado, deve repercutir positivamente na própria formação dos noviços: que os ajude efetiva-

---

[32] Cf. J. Mª ALDAY, "Noviciado", em *DTVC*, p. 1168.

mente a realizar progressivamente, como um dos valores fundamentais de sua vocação, essa coerente e harmoniosa unidade entre a contemplação e a ação apostólica, antes apontada.

Podem ser equiparada a essa experiência, entendo, aquelas experiências de atividades estreitamente relacionadas com a missão do próprio instituto: obras assistenciais de diversos tipos, ensino, cuidado dos enfermos, anciãos, crianças, pessoas necessitadas em diferentes ambientes ou condições etc., em conformidade com o espírito congregacional.

5. Experiência do trabalho

Partimos do seguinte pressuposto: a lei comum do trabalho é exigida também na vida religiosa e é um dever de todas as pessoas. Obriga tanto o superior geral como o último dos noviços do instituto. Ninguém discute isso, espero. O que aqui apresentamos é a conveniência de fazer, durante a etapa formativa do noviciado, alguma experiência de trabalho, em condições e com modalidades particulares, de sorte que incida significativamente nos formandos, proporcionando-lhes um relevante crescimento.

Há duas modalidades de trabalho que desejo destacar: a modalidade do trabalho profissional e a modalidade do trabalho doméstico (serviços e trabalhos da comunidade).

5.1. O trabalho profissional

Entende-se por tal aquele trabalho que uma pessoa realiza como profissão ou ofício, destinado grande parte de seu tempo a exercer uma atividade séria e proveitosa para a sociedade. Com cujo exercício costuma-se ganhar o sustento, estando ligado a essa atividade por laços de regularidade, obrigatoriedade e procedimento ou técnica[33]. Esse tipo de trabalho poderia constituir uma verdadeira experiência formativa, enquanto pudesse servir à consecução do sen-

---

[33] Cf. F. SECADAS, "Profesión", em V. GARCÍA HOZ (dir.), *Diccionario de Pedagogía*, t. II, Barcelona (3), Labor, 1974, p. 737-738.

tido do realismo da vida em alguns jovens, contribuir para a aquisição de uma maior maturidade humana nos mesmos ou para garantir outros valores que poderiam ser apontados como objetivos a serem conseguidos, após um sério discernimento da situação concreta das pessoas.

A constituição *PI* aborda essa questão com clareza expositiva, dando orientações sobre a atuação no suposto caso de trabalho profissional durante o noviciado[34]. Marca, com efeito, as condições em que esse trabalho profissional poderia ser praticado: que seja praticado somente no segundo ano de noviciado e que corresponda ao duplo critério, formativo e institucional, isto é, que contribua para a formação dos noviços e que esteja em sintonia com a finalidade apostólica da família religiosa.

Fica excluído, portanto, o trabalho profissional durante o primeiro ano de noviciado sob qualquer pretexto; e durante o segundo ano, onde houver, subordina-se à finalidade formativa e apostólica.

5.2. Outros trabalhos não profissionais (trabalhos domésticos, afazeres, cargos, serviços etc.)

Com respeito a esses trabalhos *caseiros* deve-se dizer, em primeiro lugar, que eles têm o mesmo sentido que todo trabalho humano possui e idêntica dignidade. Em segundo termo, é preciso reconhecer que assumir trabalhos manuais e outros serviços comunitários humildes tem uma virtualidade formativa enquanto faz os principiantes compreenderem que "a vida de trabalho é um modo concreto de amar e servir a própria comunidade e cooperar com os outros no presente e no futuro da mesma. Saber trabalhar, administrar e desempenhar os diversos cargos ou ofícios necessários numa comunidade supõe formar a disponibilidade, a criatividade, a obediência mútua dos irmãos e irmãs, o serviço humilde e desinteressado, a maturidade pessoal e comunitária"[35].

É recomendável conseqüentemente que os noviços assumam esse tipo de trabalho, bem distinto do trabalho intelectual, no qual também se ocupam e no qual se ocuparão mais a fundo durante o

---

[34] Cf. *PI* 48.
[35] F. R. DE PASCUAL, "Comentario a *PI*, 79 (El trabajo)", em A. SANZ (dir.), *o. c.*, p. 311.

tempo dos estudos de filosofia e teologia ou de outras matérias, na etapa formativa subseqüente. A experiência do trabalho manual, em suas diversas formas, pode ser contrapeso equilibrador para a atividade reflexiva e contemplativa do noviciado. Os trabalhos deverão ser dosados, certamente, de maneira que não falte energia à fundamental tarefa formativa e espiritual nem gerem nenhum tipo de tensão com sobrecarga. De qualquer modo, o tempo reservado ao trabalho não poderá subtrair-se daquele que está normalmente reservado à atividade estritamente formativa[36].

Algumas experiências de trabalho de modo mais intensivo, como podem ser, por exemplo, as empreendidas na colheita de alguma lavoura, certos trabalhos de pedreiros etc., poderiam ser assumidas no noviciado com caráter ocasional, ou como ajuda solidária à própria comunidade ou a outras comunidades, sempre que sejam atividades não demasiado prolongadas, nem costumeiras, nem que se suponha quebra notável do ritmo formativo.

6. Que dizer das "provações" ao noviço?

A questão das *provações do noviço* apresenta-se nesse tratado das experiências formativas especiais, aparentemente, como um elemento mais anedótico e quase arqueológico. Digo, aparentemente, porque na realidade podem ser um elemento formativo a mais em se ter em conta. Por isso as questiono, com efeito, mas também as apresento como alternativa possível, sempre que sejam submetidas a uma série de condições.

Conforme A. Royo Marín, essas *provações* constituem o exame de resistência, capacidade e conveniência mútua, anteriormente ao mútuo compromisso entre o candidato e o instituto. O citado autor considera, contudo, que a vida ordinária do noviciado é prova suficiente para a "maioria normal e clara"[37]. Somente deveria recorrer-se a essas provas nos casos raros — sempre minoritários, se

---

[36] Cf. *PI* 79.
[37] Cf. A. Royo Marín, *La vida religiosa*, Madrid (2), BAC, 1968, p. 55.

supõe —, nos quais a vida ordinária não fosse critério suficiente e quando possam existir dúvidas de peso acerca da idoneidade dos candidatos para emitir a profissão religiosa. Em todo caso, Royo Marín aconselha que se tenham em conta as seguintes observações, se essas provas forem aplicadas: que sejam razoáveis e prudentes, isto é, que sejam proporcionadas à resistência que se pode esperar de um principiante, e que se proceda sem notoriedade ou ares de cientifismo (basta o bom olho, o sentido comum). O mesmo autor oferece abundantes exemplos dessas provações[38], de algumas das quais poderia discutir-se sua validade ou oportunidade hoje em dia, embora as considero aceitáveis em seu conjunto. Avaliação diferente me parecem, ao contrário, as provações pitorescas e as ordens extravagantes que se atribuem a alguns superiores religiosos de outros tempos. Correspondam ou não à realidade histórica, não são senão caricatura execrável, sem mérito de consideração.

Manifestada essa reserva sobre as famosas provações ao noviço e desaprovadas todas as desafortunadas caricaturas do passado, mantenho, não obstante, que pode haver a possibilidade de que se realizem algumas dessas experiências, não tanto com o objetivo de examinar propriamente a idoneidade dos noviços para professar a vida religiosa, quanto com a finalidade de aproveitar o *dinamismo provocativo* que a provação encerra: quer dizer, trata-se de procurar que a experiência desencadeie um processo positivo, que provoque algumas reações favorecedoras da depuração motivacional, que remova os impulsos de uma generosidade maior no seguimento de Cristo ou casualmente conduza à correção de falhas que estavam inconscientes etc. E aqui, sim, que se requer muito mais criatividade e tato pedagógico que com a adoção das antigas provações.

Nesse amplo campo das provações poderiam ser incluídas certas experiências exatas — breves — de incursão no mundo da marginalidade, em ambientes de pobreza; o contato com o mundo dos enfermos terminais...; o choque e o contraste com a realidade — nada ideal, às vezes — de algumas comunidades religiosas; assumir alguns ministérios e algumas tarefas pouco gratificantes, seja pelo sacrifício que comporta, seja pelo pouco reconhecimento social que têm, e outras muitas coisas. Essas são simples sugestões.

---

[38] Id., p. 56-64.

7. Condições para a realização dessas experiências

As experiências formativas que se colocam em ação no noviciado devem ser realizadas com critérios, isto é, atendendo-se a certas condições que possam garantir o êxito. Essas condições são as seguintes:

1ª *Selecionar as experiências:*
Não podemos converter a etapa do noviciado num laboratório de experiências. A vida ordinária deve estar carregada com o peso fundamental da formação. Por isso, um pedido: que as experiências especiais sejam poucas e, sobretudo, escolhidas, bem escolhidas.

2ª *Esclarecer os objetivos de cada experiência:*
Experimentar não tem sentido se não for com uma finalidade precisa. Antes de nos lançarmos a uma experiência temos de nos perguntar: Para que fazemos isso? Que finalidade buscamos com essa experiência? Essa experiência está na linha dos objetivos que buscamos?

3ª *Discernir a conveniência e oportunidade de cada experiência:*
Analisar a adequação da experiência à situação concreta, às pessoas concretas, ao momento concreto... Calcular a proporção entre as vantagens que se esperam alcançar e o emprego requerido de tempo, pessoas implicadas e energias, os riscos que se assumem etc.

4ª *Sujeitar a realização das experiências formativas à conquista do conjunto da formação:*
Que árvore nos impede de ver a mata...; que, na medida do possível, a experiência redunde em benefício da consecução do conjunto de objetivos próprios do noviciado.

5ª *Respeitar os mínimos preceitos canônicos.*

6ª *Assegurar com todo cuidado que cada experiência que pretenda ser realizada — e que se realize de fato — não perca densidade:*
As experiências não produzem automaticamente o fruto desejado. Devem ir precedidas, acompanhadas e seguidas pela reflexão, oração, estudo e intercâmbio. Somente a prática não é por si só experiência.

7ª *Contar com a participação dos noviços:*
Contar com eles não somente na realização mas também na programação e na avaliação das experiências que se realizam.

ANEXO

MATERIAIS DE UTILIDADE PARA OS MESTRES
(Formulários, certificados e outros materiais)

Ofereço, em seguida, alguns materiais eminentemente práticos com o propósito de que possam servir de utilidade aos mestres e mestras no desempenho de sua tarefa formativa e na tramitação de certas diligências burocráticas[1]:

A) Pedido pessoal de ingresso no noviciado.
B) Declaração.
C) Certificado e outros testemunhos.
D) Convocatória para o ingresso no noviciado.
E) Esquema celebrativo do rito de inicio na vida religiosa.
F) Ficha pessoal do noviço.
G) Pedido pessoal para a primeira profissão e declaração.
H) Esquema de informação para a profissão.
I) Cessão da administração dos bens e disposição de seu uso ou usufruto.
J) Esquema celebrativo do rito da profissão temporária dentro da missa.
K) Ata da primeira profissão religiosa.

---

[1] Algumas famílias religiosas, provavelmente, contam com formulários específicos para a realização desses trâmites. Ao elaborar os materiais que apresento neste anexo inspirei-me, em parte, nos de meu próprio instituto: Missionários Claretianos, *Formación de Misioneros. Plan General de Formación* (Roma, 1994), Madrid, PCI, 1994, p. 323-346.

A)

PEDIDO PESSOAL DE INGRESSO NO NOVICIADO[2]

Ao Superior maior

Eu, ...,
postulante[3] neste instituto de ....,

Exponho com toda sinceridade que desejo começar a experiência do noviciado no próximo dia ...... de .... do ano de .... em ....

Declaro que não tenho consciência de que exista nenhum impedimento dos apontados pelo Direito da Igreja (*CDC* 643) ou pelo Direito particular deste instituto que possa impedir minha admissão ao noviciado.

Por isso, uma vez que me sinto chamado a compartilhar o estilo de vida desta congregação religiosa e considerando que realizei já a adequada preparação que se exige, com o devido respeito,

Peço, livre e espontaneamente, a V. Revma. e a seu conselho, ser admitido para começar o noviciado.

Graça que confiadamente espero conseguir.

Em ...., a ...... de .... de ....

(Assinatura)

---

[2] Solicitação que o pré-noviço deve apresentar ao superior maior com a antecedência requerida pelo direito particular.
[3] Aspirante ou candidato etc.

B)
DECLARAÇÃO[4]

A seguinte declaração poderia ser oportuna, tendo em conta a legislação existente em alguns países e em previsão de algum incidente desagradável, alheio à vontade do instituto que acolhe os candidatos e alheio — em princípio também — à vontade destes. É prudente, contudo, exigir-lhes uma declaração, ou várias, na qual se faça constar por escrito que renunciam de antemão a futuras reivindicações de qualquer tipo com relação ao instituto religioso, ou contra os estatutos ou regras pelos quais este se rege.

Essa declaração poderá realizar-se com aquelas fórmulas que se julguem convenientes, seja através de um procedimento formal, reconhecido oficialmente, seja por meio de um documento privado, mas acompanhado dos formalismos habituais que possuam certo reconhecimento na sociedade (assinatura do próprio punho, indicação da data, lugar etc.). Por exemplo:

1. Declaro que as prestações de serviços que realizo durante minha permanência neste instituto religioso não se revestem de caráter de contrato trabalhista. Portanto, não poderei exigir compensação alguma pelos trabalhos realizados nem reclamar nada no conceito de indenização, danos ou prejuízos em caso algum.

2. Declaro, também, que deverei responder pessoalmente e assumir as responsabilidades que possam derivar-se de qualquer comportamento inadequado contra a castidade que neste instituto se professa, sem direito a reclamar nada à Congregação em caso algum, seja em favor próprio ou de terceiras pessoas.

3. Declaro ...

Em ...., a ...... de .... de ....

(Assinatura)

---

[4] Essa declaração pode ser realizada no momento da admissão, ou então em outro momento que se considere mais oportuno, por exemplo, por ocasião do pedido para a profissão religiosa.

C)
CERTIFICADOS E OUTROS TESTEMUNHOS[5]

Certidões de batismo e de crisma (*CDC* 645, 1)

O candidato deve apresentar, antes de sua admissão ao noviciado, a certidão de batismo e crisma (ou ambos num único documento, já que na prática costumam emitir-se assim). Solicitará esses documentos com suficiente antecedência: ao pároco do lugar onde foi batizado por razão do domicílio ou quase domicílio (no livro dos batizados estará anotada a *fé, juntamente* com o *certificado* tanto do batismo como da confirmação), ou ao pároco do lugar onde *de fato* foi batizado ou crismado (estará, também, anotado o correspondente livro de batismos e, além disso, se notificaria, em seu dia, ao pároco próprio), ou ao ordinário do lugar (arquivo da cúria diocesana).

Certificado de estado livre (*CDC* 645, 1)

Com esse certificado pretende-se assegurar e demonstrar documentalmente, na medida do possível, que o candidato se acha livre de todo outro compromisso que signifique um sério impedimento para assumir os compromissos próprios da vida religiosa. Esse documento pode ser expedido por várias pessoas: o normal é que esse certificado seja o pároco quem o emita (ou o ordinário do lugar), como as enviadas do batismo e crisma (e preferentemente, num único documento), já que no livro de batismos estarão anotadas todas as incidências relativas ao estado canônico das pessoas: matrimônio, adoção, ordem, profissão perpétua etc.); também pode ser expedido pela autoridade civil competente; ou pelos familiares, ou eclesiásticos que conheçam o candidato, ou outras pessoas dignas de crédito.

Outros testemunhos[6]

Além de os certificados citados, em alguns casos deverá haver outros testemunhos, que a instituição religiosa que admite deverá solicitar (*CDC* 645, 2). São as seguintes informações:

---

[5] Cf. D. J. ANDRÉS, *El Derecho de los religiosos. Comentario al Código*, Fuenlabrada (Madrid), PCI e Commentarium pro Religiosis, 1983, p. 280-286.

[6] Esses certificados e testemunhos vão dirigidos ao superior maior que admite. Ou então ele os solicita. Mas ele considerará em que medida pode ou convém fazer participante dos mesmos — ou de alguns — o mestre de noviços, principalmente aqueles testemunhos ou informações cujo conhecimento julgue úteis com o fim de acompanhar o noviço durante o noviciado.

— *Informação do responsável pelo candidato* ou pré-noviço durante a etapa formativa do postulantado (se houver), ou de quem tenha acompanhado o candidato em qualquer forma — institucionalizada ou não — da acolhida vocacional, a fim de que se verifique se houve a adequada preparação requerida (*CDC* 597, 2), e que o candidato apresenta as qualidades necessárias, assim como a ausência de impedimentos (*CDC* 597, 1).

— *Informação do ordinário local para um clérigo.* — Quando se trata de admitir algum clérigo a candidato ao noviciado.

— *Informação do superior maior.* — Quando se trata de admitir algum candidato que já foi anteriormente admitido ao noviciado em algum outro instituto de vida consagrada ou numa sociedade de vida apostólica (independentemente do tempo que perseverou).

— *Informação do reitor do seminário.* — Quando se trata de admitir um candidato que fora admitido anteriormente em um seminário (maior ou menor) ou em outras instituições ou casas de formação de qualquer tipo.

Nos casos de algum candidato que tenha sido demitido de outro seminário ou de um instituto de vida consagrada, parece que se deveria requerer também — por correlação ao que se indica no cânon 241, 3 — uma informação do superior ou responsável respectivo, sobretudo acerca da causa de sua expulsão ou saída.

— *Outras possíveis informações* (*CDC* 645, 3 e 4). — Fica à discrição da instituição que admite pedir outro tipo de informações sobre a idoneidade dos candidatos e a carência de impedimentos, com a finalidade de completar as informações exigidas pelo direito universal. Assim, poderiam alcançar das pessoas correspondentes ou inclusive dos próprios candidatos, sempre que se julguem verdadeiramente convenientes, informações tais como:

• Certificado de isenção penais.
• Certificados médicos.
• Certificado relativo à situação na qual se encontram com referência ao serviço militar ou as diversas prestações sociais.
• Outras informações confidenciais (de familiares, educadores, companheiros etc.).

D)
CONVOCATÓRIA PARA O INGRESSO NO NOVICIADO

Uma vez feita a admissão oficial dos candidatos para o noviciado e notificado aos mesmos, o mestre pode entrar em contato com eles para lhes comunicar a boa-nova e para acertar a data do Ingresso na casa do noviciado e informá-los a respeito de outros detalhes como:

— A data em que se dará o começo, de fato, o noviciado, com o rito de iniciação da vida religiosa.

— Se haverá exercícios espirituais (não são exigidas pelo direito universal), data, lugar, diretor.

— Detalhes relativos ao enxoval mínimo que devem trazer (roupas, sapatos, livros, objetos pessoais...; tenham-se em conta que esses detalhes menos importantes costumam ser perguntados pelos familiares, que desejam ter uma orientação a respeito).

— Indicações a respeito do atestado médico, carteira de saúde etc.

— Critérios de funcionamento em relação aos gastos (ordinários ou extraordinários) que possam surgir durante o noviciado.

— Se devem procurar algum tipo de documento (complementar aos já apresentados antes da admissão).

— Outras informações que pareçam úteis ou convenientes (por exemplo, modos de se chegar à casa religiosa, comunicações, endereço postal, telefone, apresentação dos membros da equipe formativa etc.).

— Mas, sobretudo, aproveita-se essa primeira comunicação para dar as mais cordiais e sinceras boas-vindas a cada candidato e para pôr-se já desde este momento a sua inteira disposição.

E)
ESQUEMA CELEBRATIVO DO RITO DE INICIAÇÃO NA VIDA RELIGIOSA

Observações

a) O início do noviciado não está sujeito, conforme o *Direito*, a nenhuma celebração ou rito. Bastaria, pois, a determinação do superior maior legítimo que marcaria a data ou o momento exato do começo do noviciado canônico. Mas vem sendo costume declarar este princípio dentro de algum ato piedoso ou *rito de iniciação na vida religiosa*. E há, de fato, uma certa recomendação a este respeito na *Ordo Professionis*[7].

b) O rito deve ser muito simples, sóbrio e de caráter reservado, isto é, realizado num ambiente privado da comunidade religiosa e sem a participação, na medida do possível, de pessoas alheias. Essa sobriedade e reserva parecem-me muito recomendáveis porque não se trata ainda de nenhum compromisso formal e público que os postulantes contraem ao ingressar no noviciado. Não convém dar, então, essa sensação diante deles nem diante daqueles que pudessem ser testemunhas ou conhecedores desse ato. Nesse mesmo espírito de sobriedade e reserva, entendo, estabelece-se taxativamente que o rito de iniciação se realize fora da missa[8]. Poderia realizar-se, no entanto, dentro de uma singela *celebração da Palavra*.

O *esquema celebrativo* desse *rito de iniciação na vida religiosa* poderia ser o seguinte[9], com as modificações relativas, conforme os costumes e tradições de cada família religiosa:

Ritos iniciais
— Saudação. Canto, hino...
— Diálogo entre o presidente da celebração e os postulantes, no qual se expressa a vontade de começar essa experiência (com o pedido de iniciá-la).

---

[7] Expressa-se claramente sua conveniência: "Initio novitiatus ritum peragere praestat, quo Dei gratia impetretur ut eius finis peculiaris attingatur, SACRA CONGREGATIO PRO CULTU DIVINO, *Decret. AAS* 62 (1970), p. 553, em X. OCHOA, *Leges Ecclesiae post Codicem iuris canonici editae*, IV, Roma, Commentarium pro Religiosis, 1974, p. 5752.

[8] São critérios do mesmo *Ordo Professionis*: "Hic ritus, sua ipsius natura, sobrius esse debet atque expeditus, sodalium coetui reservatus. Fieri autem debet extra Missam", *ibid.*

[9] Sigo, com alguma liberdade, o esquema proposto pela COMISSÃO EPISCOPAL ESPANHOLA DE LITURGIA, *Ritual de la profesión religiosa e consagración de vírgenes*, Madrid, Coeditores Litúrgicos, 1979, p. 21-24.

— Oração.

Proclamação da Palavra de Deus
— Leitura bíblica (escolher alguma/s leitura/s alusiva/s ao chamamento ou vocação).
— Responsório ou canto.
— Comentário do presidente (é oportuno esclarecer a natureza da vida religiosa e a índole do instituto, ou ler um capítulo apropriado da regra).
— Declaração que com esse ato fica inaugurado o ano — ou os anos — do noviciado canônico. E poderia se acrescentar, se se desejar, algum gesto simbólico que contribuísse para expressar melhor o sentido deste rito, como por exemplo: fazer a entrega de algum escrito do fundador/a; entregar as chaves da casa; fazer a imposição de alguma insígnia ou da indumentária própria do tempo de noviciado, se for costume etc.

Conclusão do rito
— Oração universal ou preces (pedindo a graça de conseguir o fim do noviciado).
— Pai-nosso.
— Oração conclusiva.
— Gesto de acolhida: superior ou presidente faz entrega dos noviços ao mestre, saúdam-se fraternalmente, em sinal de mútua aceitação. Outro tanto podem fazer todos os membros da comunidade.
— Canto final.

F)
FICHA PESSOAL DO NOVIÇO

Nome: ....

Nascimento:
Data: ....
Lugar: ....
Estado: ....
Diocese: ....

Breve currículo dos estudos ou trabalhos realizados:
....
....
....

Breve história da vocação (fatos, pessoas etc.):
....
....
....

Observações complementares (enfermidades, dados de interesses, afeições pessoais etc.):
....
....
....

Família: Nome e profissão atual dos pais
Pai..
Mãe...
Irmãos (nome e idade):
.... ( ) .... ( )
.... ( ) .... ( )
.... ( ) .... ( )

Endereço completo do domicílio familiar:
Cidade: .... Estado: ....
Rua: ....
CEP: .... Telefone: ....

G)
PEDIDO PESSOAL PARA A PROFISSÃO RELIGIOSA[10] E DECLARAÇÃO

Ao superior maior

Eu, ..., noviço neste instituto de .... desde o dia .... de .... de .... perto de terminar o tempo de provação e em cumprimento das normas estabelecidas no Direito universal da Igreja e no Direito particular deste instituto, a V. Revma., com toda sinceridade,

Declaro[11] que:

Desejo professar nesta congregação, agindo assim com plena liberdade e de boa fé, sem que exista nada nem ninguém que me obrigue a fazê-lo, isto é, sem que exista violência, medo ou dolo.

É minha sincera vontade permanecer neste instituto até minha morte, exceto se antes da profissão perpétua aparecer algum obstáculo que na atualidade me é de todo imprevisto, e ainda submetendo-me à legislação eclesial que estabelece primeiro a profissão temporária.

Não tenho consciência de que exista nenhum impedimento que possa impedir a minha admissão à profissão religiosa.

Conheço e aceito de bom grado todas as obrigações que estão anexas à vida religiosa, tal como se pratica neste instituto.

Assim pois, feita essa prévia declaração e considerando que discerni suficientemente durante este tempo do noviciado minha vocação, chegando à persuasão de que esta é a vontade de Deus sobre minha vida.

Peço, livre e espontaneamente, a V. Revma. e a seu conselho a graça de ser admitido a emitir a profissão religiosa temporária nesta congregação.

Em ...., a........., de .... de ....

(Assinatura)

---

[10] Solicitação que o noviço deve apresentar ao superior maior terminada essa etapa formativa, com a antecedência prevista pelo direito particular.

[11] Essa declaração, assim como outras possíveis declarações, talvez exigida pelo direito próprio, poderiam apresentar-se também, se se preferir, separadamente do pedido da profissão, em documento diferente.

H)
ESQUEMA DE INFORMAÇÃO PARA A PROFISSÃO[12]

Informação sobre ....
para sua primeira profissão religiosa.

Dado por ....
Em ...., a ..... de .... de ....

1. *Saúde física e psíquica*

2. *Maturidade humana*
— Qualidades humanas (sinceridade, fidelidade, solidariedade, domínio de si mesmo, flexibilidade de espírito, fortaleza de caráter etc.).
— Equilíbrio psicológico (aceitação de si e dos demais, sentido do próprio dever e da disciplina, responsabilidade etc.).
— Capacidade criativa, maturidade de juízo, personalidade, capacidade crítica.
— Outras qualidades, operosidade, abertura, capacidade de diálogo, prestação de serviço, delicadeza, aprofundamento etc.

3. *Relacionamentos interpessoais, vida comunitária*
— Qualidades de relacionamentos destacáveis.
— Avaliação de seus comportamentos e atitudes.
— Avaliação global de sua capacidade para a vida comunitária.

4. *Vivência espiritual*
— Vida de oração pessoal e comunitária (ritmo, constância, participação etc.).
— Vida sacramental e litúrgica. Vivência cristológica e mariana.
— Espiritualidade: orientação, unidade de oração e vida, ação e contemplação etc.
— Avaliação global de sua vida espiritual.

---

[12] Feito o pedido para a primeira profissão, o mestre e os membros da comunidade e noviços elaboram uma informação para ajudar os superiores a um discernimento mais adequado. A informação do mestre poderá apresentar, em primeiro lugar, a *ficha pessoal* do noviço com os dados mais significativos de seu *curriculum vitae*.

5. *Vida consagrada*
— Critérios destacáveis e expressões de sua disposição de pessoa consagrada.
— Vivência dos votos: pobreza, castidade, obediência.
— Diagnose de sua integração vocacional: sinais vocacionas para a vida religiosa (idoneidade, afloração de motivações e decisão vocacional).

6. *Aspectos específicos do próprio instituto*
— Assimilação da experiência congregacional (integração da vivência carismática do fundador/a e da tradição do instituto).
— Sentido de identidade e de pertença.
— Capacidade-idoneidade para a missão.
— Conhecimento teórico e vivencial da congregação (constituições, espírito, disciplina, pessoas, obras etc.).
— Avaliação pormenorizada da vivência do carisma (aspectos concretos nos quais se reflete sua identificação com o espírito da congregação).

7. *Outras indicações e sugestões*
— Se parecer oportuno, acrescente um juízo de avaliação final.

(Assinatura)

I)
CESSÃO DA ADMINISTRAÇÃO DOS BENS E DISPOSIÇÃO DE SEU USO E USUFRUTO (*CDC* 668)

O cânon 668, 1 dispõe que antes da primeira profissão deverá ser feita a cessão da administração dos bens a favor de quem se deseje e se disporá livremente, — sempre que as constituições não estabeleçam outra coisa — sobre o uso e usufruto dos mesmos[13]. Portanto, uma vez que o noviço tenha sido admitido a emitir a profissão, deverá realizar essa formalidade em benefício de quem ou dos quais preferir; familiares, ou estranhos, pessoas físicas ou jurídicas, inclusive do mesmo instituto, ficando a salvo o que a esse respeito possa haver estabelecido o direito particular.

Convém fazê-lo, enquanto possível, cumprindo as formalidades da lei civil de modo que seja no tal foro (o que é feito ordinariamente diante de um notário em cartório, por escrito e em documento público) e empregando — de maneira realista e previsória — cláusulas apropriadas[14]. Como exemplo, sugiro a seguinte fórmula, que poderá ser acomodada formalmente ao documento legal que o profissional elaborar:

Eu[15], ..., estando próxima minha incorporação a este instituto religioso, manifesto a firme vontade da cessão da administração de todos os meus bens, cujo domínio radical conservo, em favor de[16] ....
....

Também, determino a disposição do uso e do usufruto dos mesmos em favor de[17] ....

Essa cessão da administração dos bens, assim como a disposição do uso e usufruto dos mesmos, será válida enquanto o professo permanecer (isto é, até que deixe de pertencer ao instituto, excetuada a morte).

Assinado de próprio punho e letra em .... a .... de .... do ano de ....

(Assinatura)

---

[13] Quando por qualquer circunstância não existam bens atuais sobre os quais se realiza a cessão de sua administração nem sobre os quais dispor de seu uso ou usufruto, parece lógico que esses atos jurídicos não se realizem, ou que se deixem de lado no momento em que se mudem as circunstâncias.

[14] Cf. F. Campo del Pozo, "El Derecho Patrimonial de los Institutos de Vida Consagrada", em *Confer*, 88 (1984), p. 505ss.

[15] Nome e sobrenome. Podem ser acrescentados os dados do próprio DNI e outros, se parecer conveniente.

[16] De quem se preferir. Uma fórmula simples poderia ser esta: *em favor de meus pais e, em sua falta, de meus irmãos.*

[17] Os contemplados, os usufrutuários e usuários podem ser os mesmos, ou diferentes. Poderia se repetir, por exemplo, a mesma fórmula de antes em favor *de meus pais e, em sua falta, de meus irmãos.*

J)
ESQUEMA CELEBRATIVO DO RITO DA PROFISSÃO TEMPORÁRIA DENTRO DA MISSA

Observações

a) O *Direito* não faz alusão explicitamente à profissão temporária religiosa enquanto *celebração litúrgica* ou *rito* conclusivo do noviciado ou, melhor, enquanto *ato litúrgico* da consagração a Deus no qual se emitem publicamente os votos religiosos. A instrução *Potissimum Institutioni*, no entanto, sim, que o faz, ao afirmar que "durante *uma celebração litúrgica* a Igreja recebe, por meio dos superiores designados, os votos dos que emitem sua profissão e associa sua oferenda ao sacrifício eucarístico"; e depois, indica o O*rdo Professionis* como lugar onde pode encontrar-se o esquema celebrativo[18].

b) Conforme o *Ordo Professionis*, a emissão dos votos temporários pode ser feita dentro da missa, mas *sem especial solenidade* (*a* solenidade reserva-se; antes, para a celebração da profissão perpétua).

Em que consista essa *solenidade* — que se deva evitar na profissão temporária — não fica definido. De qualquer modo, parece ser um aviso do Ritual para a moderação e simplicidade: não convém tocar muito os sinos — nem sequer na celebração litúrgica — quando com a profissão temporária não se faz senão começar uma caminhada que terá sua culminância na profissão perpétua. Isso sem menosprezo do valor inegável que tem a primeira consagração. Mas uma coisa é a realidade da consagração em si e outra a manifestação externa e festiva dessa mesma consagração (com reflexo na solenidade — maior ou menor — da celebração litúrgica). É preciso, pois, saber distinguir claramente, conforme se trate da profissão temporária ou da perpétua[19].

c) No que se refere à adaptação e inculturação de alguns elementos do Ritual à natureza e ao espírito de cada instituto, deverá se ter em conta as orientações e os critérios emanados da Cúria Romana[20].

---

[18] *PI* 54; cf. Concílio Vaticano II, *Lumen Gentium*, 45. Sobre a profissão religiosa, enquanto celebração ou rito, pode-se consultar proveitosamente o estudo de J. María Canals, "Profesión religiosa", em *DTVC*, p. 1407-1425.

[19] Torna a insistir nisso a instrução *Potissimum Institutioni*, 56, citando o mesmo *Ordo Professionis*, 5. Cf. J. San Román, "La profesión religiosa" (comentário a *PI* 54-57)", em A. Sanz, *Camino de formación...* Madrid, PCI, 1991, p. 239-246.

[20] Cf. Congregatio de Cultu Divino et Disciplina Sacramentorum "De Liturgia romana et inculturatione" (Roma, 25 de janeiro de 1994), em *AAS* 87 (1995), p. 288-314. Cf. também J. Mª Canals, "Adaptación del ritual-tipo de la profesión religiosa a los rituales particulares", em *Vida Religiosa*, (1 de junho de 1972), p. 228 232.

O esquema celebrativo do rito da profissão temporária dentro da missa é o seguinte[21]:

Rito de entrada
— Explicação, canto e procissão de entrada (noviços e mestre).
— Saudação do presidente da celebração (em vez do ato penitencial, pode-se fazer a aspersão com água benta).

Liturgia da palavra
— Leitura da missa do dia ou do Lecionário da profissão.

Profissão religiosa
— Chamada ou pedido.
— Homilia ou exortação.
— Interrogatório.
— Pedido de ajuda a Deus.
— Profissão (fórmula).
— Entrega das insígnias da profissão (hábito do instituto, onde houver o costume, e da Regra ou das Constituições).
— Abraço aos neo-professos por parte da comunidade religiosa (os outros assistentes, no momento da paz).

Conclusão do rito
— Oração universal ou dos fiéis.

Liturgia eucarística
— Preparação das ofertas (os neo-professos levam ao altar o pão, o vinho e a água).
— Tudo prossegue normalmente...
— Comunhão dos neo-professos sob as duas espécies (o mesmo podem fazer aos demais assistentes: religiosos, familiares etc.).

---

[21] Sigo literalmente o esquema que propõe a COMISSÃO EPISCOPAL ESPANHOLA DE LITURGIA, *Ritual de la profesión religiosa y consagración de vírgenes*, Madrid, Coeditores Litúrgicos, 1979, p. 25-31.

K)
ATA DA PROFISSÃO RELIGIOSA

É conveniente que se apresente a ata da profissão religiosa, e assim o exige, inclusive, em alguns institutos sua legislação particular, como o *Direito* universal o prescreve no caso das ordenações (*CDC* 1053-1054).

A ata que deve recolher os dados fundamentais (lugar e data da profissão, nome dos que professam, superior que recebe a profissão ou delegado do mesmo etc.), pode ser assinada pelo professo, pelas testemunhas e pelo secretário. É razoável que exista na casa do noviciado um livro especial para o registro dessas atas, de cada uma das quais se enviará cópia à cúria do organismo religioso do qual depende cada um dos que professaram.

Um tipo modelo de ata é aquele que em seguida é oferecido:

No dia ...... de .... do ano de .... incorporou-se neste instituto de .... mediante a emissão de sua primeira profissão religiosa o noviço ....

Recebeu a profissão[22] .... e foram testemunhas ....
A profissão realizou-se em .... durante a celebração da eucaristia (ou de outro ato) presidida por[23] ....

(Assinaturas de)

O superior
O neo-professo
As testemunhas
O secretário

---

[22] Nome do superior maior que a recebeu, ou de quem tiver recebido estando habilitado para isso, seja por força do mesmo *Direito*, seja por delegação expressa do superior competente.
[23] Nome de quem presidiu a Eucaristia. Podem-se acrescentar das pessoas importantes que, talvez, assistiram ao ato, além de fazer uma alusão geral à presença da comunidade religiosa, dos familiares e de outros fiéis.

ÍNDICE

APRESENTAÇÃO 3
1. Os destinatários 3
2. A distribuição dos capítulos 4
3. Finalidade 4

I. O PLANEJAMENTO: FINALIDADE E OBJETIVO DO NOVICIADO 7
1. Uma pergunta ingênua: "que representa" um mestre num lugar como o noviciado? 7
2. Vias para conseguir os objetivos 9
3. "Caminho faz-se caminhando": meios para fixar os objetivos 11
4. Principais núcleos de objetivos 12
5. Definindo os objetivos específicos a partir dos objetivos gerais 19
6. Conclusão 26

II. OS CONTEÚDOS DO NOVICIADO 27
1. Os conteúdos do noviciado são algo mais que "palestras doutrinais" 27
2. Critérios de seleção de conteúdos 28
3. Blocos de conteúdo do noviciado 30
4. Seqüência dos conteúdos do noviciado 37
5. A organização geral dos conteúdos do noviciado: os eixos vertebradores 39
6. Conclusão 42

III. QUESTÕES METODOLÓGICAS. A LOCALIZAÇÃO DA CASA DO NOVICIADO 43
1. Introdução: o papel da metodologia na formação dos noviços . 43
2. "Mestre, onde moras?" (Jo 1,38): A casa do noviciado 47
3. Lei fundamental e planejamento básico 48
4. Áreas constitutivas da casa-noviciado 50
5. Alguns critérios a propósito da localização e as utilidades da casa-noviciado 52

IV. A CAMINHADA DESSA TRAVESSIA FORMATIVA 56
1. Organização inicial flexível e emprego de dinâmicas
   para a integração comunitária 57
2. Distribuição das responsabilidades 59
3. O projeto formativo e a programação comunitária 60
4. Organização da transmissão dos conteúdos 63

V. A ANIMAÇÃO DA VIDA COMUNITÁRIA 66
1. O princípio da co-responsabilidade 66
2. As reuniões comunitárias 67
3. O aprendizado do trabalho em equipe 69
4. As celebrações festivas 70
5. A amizade e a comunicação entre os noviços 73

VI. OS RELACIONAMENTOS COM O EXTERIOR 75
1. Atitude aberta e significativa 75
2. Os contatos com a família e com o ambiente
   de sua procedência 78
3. A abertura a outras pessoas ou a outros grupos eclesiais ... 81
4. A abertura à realidade sóciocultural. Os "mass-media" 82

VII. OS DINAMISMOS ESPIRITUAIS 85
1. A vida sacramental e os exercícios de piedade ordinários .. 85
2. Os "momentos fortes" 98

VIII. OUTROS DINAMISMOS FORMATIVOS 101
1. O acompanhamento espiritual 101
2. Ajudas para o amadurecimento pessoal 107
3. Elementos ascéticos 110
4. Também o tempo livre e a sã expansão
   são formativos 114

IX. ALGUMAS EXPERIÊNCIAS INTENSIVAS 117
1. Experiência de ruptura 120
2. Experiência viva de Deus (vida de oração
   e espiritualidade intensas) 122
3. Experiência do "batismo na espiritualidade do instituto"
   (mistagogia carismática) 126
4. Experiência da atividade apostólica 130
5. Experiência do trabalho 135

6. Que dizer das "provações" ao noviço? 137
7. Condições para a realização dessas experiências 139

ANEXO
Materiais de utilidade para os mestres
(Formulários, certificados e outros materiais) 141

A) Pedido pessoal de ingresso no noviciado 142
B) Declaração 143
C) Certificado e outros testemunhos 144
D) Convocatória para o ingresso no noviciado 146
E) Esquema celebrativo do rito de inicio na vida religiosa 147
F) Ficha pessoal do noviço 149
G) Pedido pessoal para a profissão religiosa e declaração 150
H) Esquema de informação para a profissão 151
I) Cessão da administração dos bens e disposição
   de seu uso ou usufruto 153
J) Esquema celebrativo do rito da profissão temporária
   dentro da missa 154
K) Ata da primeira profissão religiosa 156